기적의 열쇠, 감사

기적의 열쇠, 감사

오준환 지음

드림북

추천사

저자 오준환 목사님으로부터 추천사 부탁과 함께 원고를 받는 순간 이 책의 제목 "감사를 통해 하나님의 기적을 경험하라"에서 저자의 의도가 무엇이며 이 책의 내용과 방향이 무엇인지를 이내 알 수 있었다.

저자 오준환 목사님은 성경적 신학과 보수적이고도 뜨거운 신앙의 소유자로 현장에서 목회사역을 하면서 크고 작은 많은 산 경험을 가지고 계시는 분이다.

그는 언제나 하나님 중심, 말씀 중심, 교회 중심의 분명하고도 뜨거운 열정과 신앙으로 국내외적으로 많은 교회와 성도들, 나아가서는 주변의 목회자들에게 잔잔한 영향력을 미치고 있어 늘 존경하고 귀하게 여기고 있다.

오준환 목사님의 저서 "감사를 통해 하나님의 기적을 경험하라"는 다음과 같은 특징과 장점이 있다.

첫째, 이 책은 감사의 이론과 실제를 성경적으로 조화롭게 구성하고 있어서 초신자 뿐만 아니라 오랜 동안 신앙생활 하고 있는 성도들에게도 큰 도움이 될 것을 확신한다.

둘째, 이 책은 단순한 이론이나 교리적 서술이 아니라 실제적 간증이 들어있어서 특별히 고난과 어려움을 겪고 있는 분들이 감사를 통하여 하나님의 일하심을 경험할 수 있는 길로 안내한다.

셋째, 이 책은 내용이 차분하면서도 조직적이고 사실적으로 구성 되어 있어서 누구나 부담 없이 읽다보면 깊은 감사를 알게 되고 경험할 수 있는 특징이 있다. 감사는 이론이나 막연한 울림이 아니라 사실적이어야 함을 발견하게 된다.

넷째, 이 책은 쉽고 간단하고 명료하다. 무슨 책이든지 어려우면 내용이 좋아도 부담을 가지게 되는데 이 책은 내용이 분명하면서도 쉽고 간단하고 명료하게 되어 있어서 누구나 쉽게 접하고 감사에 대한 많은 것을 얻을 수 있다.

저자는 성경적이고 보수적인 신앙의 소유자이면서 마음이 순수하고 따뜻한 목회자이다. 이 책은 그의 신앙과 삶 그리고 중심을 글로 풀어낸 작품임이 확신되어 기쁜 마음으로 추천한다.

김 덕 겸 목사

사랑장로교회 담임목사,
서울한영대학교 국제대학원장.
다문화복음방송 대표

추천사

오랜만에 연락한 저자가 책을 썼다고 했을 때, 특별히 딸의 암 발병, 치료, 재발 등의 어려운 시간을 지나면서 감사에 대해 새롭게 배운 것을 쓴 책이라고 했을 때, 그 내용이 정말 궁금했다. 교회사 신학석사(Th. M) 과정에서 나의 지도학생이었던 저자는 성품이 좋은 목사라고 생각했지만 특별히 감사에 대해 어떤 사람인지는 몰랐기에, 그가 어떻게 '감사 전문가'가 되었는지 매우 궁금했다.

이 책은 저자의 딸이 결혼한지 7개월만에 암 판정을 받고, 또 5년 후에 암 전이가 발견되면서 도저히 감사할 수 없을 상황에서 딸과 사위, 또 저자 그리고 그의 아내, 더 나아가 그의 교회까지도 온전한 감사, 순전한 감사를 배워가며 실천하게 되는 과정을 증언하고 있다. 그런데 개인적인 체험으로 감사전문가가 된 저자는 한국교회의 온갖 문제 역시 순전한 감사가 없기 때문이라고 역설하며, 성경 곳곳에서 감사에 관한 명령과 용례에 집중한다.

사실 누구라 할 것없이 우리 모두는 어느 정도 한국교회의 병폐를 공유하고 있다. 교회에 다니는 우리의 마음은 그리스도의 마음보다는 비지니스 마인드로 가득 차 있고, 그리스도의 십자가를 지기보다는 물질적 풍요, 세속적 영광을 얻으려는 기복신앙에 빠져 있다. 그리하여 우리의 삶은 번영신학을 탐하며 하나님의 크신 섭리와 은혜를 왜곡하고 있다. 저자는 이러한 문제들은 온전한 감사를 회복함으로 해결해야 한다고 믿는다. 왜냐하면 감사야말로 하나님을 바로 알고 믿는 일이며, 하나님을 바로 예배하는 일이기 때문이다. 하나님을 바로 알고 예배하면 어떤 어려움 가운데서도 하나님의 크신 섭리를 믿고 순종하게 되며 감사하는 성도의 삶을 살 수 있다.

이 책은 감사라는 키워드로 정리한 저자의 삶이요 신학이요, 한 편의 설교이다. 나는 이 책을 읽으며 감사란 그리스도인들의 삶의 한 부분이 아니라 매우 근본적인 신앙행위라는 것을 다시 한 번 확인하였다. 또한 감사는 하나님에 대한 깊은 신뢰와 사랑의 표현이고, 우리 입의 말과 온 몸과 예물을 드려 표현하는 것이며, 저자가 말하듯 "현재의 삶을 미래의 좋은 건축자재로 만드는 신비한 것"이라는 사실을 확신하게 되었고, 이후로 범사에 오직 감사하겠다고 다짐하였다. 많은 사람들이 이 책을 읽고 온전하고 순전한 감사의 삶을 실천하여 하나님을 기쁘시게 하는 그리스도인들이 되기를 소망한다.

이정숙
햇불트리니티신학대학원대학교 5대 총장/
교회사 교수

추 천 사

감사를 지식으로 아는 것과 삶을 통해 호흡처럼 고백되어 지는 것은 봤느냐 못 봤느냐 차이 만큼이나 크다.

오준환 목사, 그는 감사를 피같이 쏟아내고 토해 낸, 살아 움직이는 감사를 보여 준 목회자다.

어느 날 갑자기 찾아 온 그의 비탄스런 가정 환경, 무너져 내린 목회적 상실감 등등.

그를 한 발짝도 움직이지 못하게 만든 어둠의 긴 시간들.

그 속에서 그는 마지막 숨을 몰아 감사를 부르짖었고, 마지막 남은 시력인 것처럼 감사의 빛을 보고 붙들었다.

하나님은 순교적 자세로 울부짖는 너무도 인간적인 한 목회자의 심장의 감사를 들으셨고 보셨다.

기적은 시작되고.....

가정엔 생명이 찾아 왔고

목회엔 기쁨이 스며 들었다.

지금은 누구와 언제 어디서도 감사, 그 기적의 은사로 하나님을 기쁘시게, 많은 이들을 행복하게 해 주고 있다.

　이 책은 바로 그 시작과 과정을 담고 있다.

　실제 삶의 무대에서 펼쳐 진 감사의 찐 기적은 때가 되어 책으로 우리 손에도 들려지게 되었다.

　그 지난한 비애의 눈물 너머 일어서 달리고 날아 오른 살아 있는 기록을 출판하게 됨을 진심으로 축하드리며 누구에게나 허용된 감사의 기적으로 삶의 고통에서 일어나길 원하는 이들에게 이 실제 매뉴얼, 평생 옆에 둘 생존 도서로 마음을 다해 추천드린다.

백성기 목사
참 좋은 교회 담임목사, 감사충전소 대표

프롤로그

감사가 불러일으키는 기적과 축복을 바라며

사도 바울은 말세는 고통 하는 때라고 하면서, 말세의 특징을 조목 조목 짚어낸다(딤후 3:1-5). "사람들이 자기를 사랑하며 돈을 사랑하며 자랑하며 교만하며 비방하며 부모를 거역하며 감사하지 아니하며 거룩하지 아니하며…"(딤후 3:2). 말세의 특징들 가운데 하나는 사람들이 감사하지 않는 것이다. 이 시대에 일어나는 일들을 보면, 바울의 지적은 정확하게 들어맞는다. 부모님 은혜에 감사하는 마음이 점점 사라지고 있다. 도리어 부모님을 해치는 패륜적인 범죄들이 종종 발생하고 있다.

공교육이 무너진 대한민국 현실도 심각하다. 학부모들이, 심지어는 학생까지도 선생님에게 감사하기는커녕 불손한 언동이나 폭력을 행사했다는 뉴스를 종종 접한다. 공교육 현장에 있는 교사들의 처지가 안쓰럽다. 제자를 사랑하여 참교육을 하려고 해도 학부모도 제자도 받아들여주지 않는다. 내가 어렸을 때는 학부모들이 교사에게 "선생님, 때려서라도 우리 아이 잘 가르쳐 주세요."라고 부탁했다. 학생들도 당연히 선생님의 권위를 인정하고 순종했다. 지금은 감사하는 마음이 없기에 교사의 권위를 인정하지 않는다.

꽤 오래전 전주 고등학생들이 바닷가에서 익사 직전의 어린아이들을 구한 이야기가 보도되었다. 아름다운 이야기다. 그러나 안타깝고도 씁쓸한 이야기이기도 하다. 고등학생들은 아이들을 구한 후, 정작 자신들은 지쳐서 물에서 빠져나오지 못하고 목숨을 잃었던 것이다. 그때 생명을 건진 아이들 부모들은 어디로 갔는지 모르게 사라져 버리고 말았다. 은혜와 감사를 모르는 몰염치한 행동이었다. 사도 바울이 고통스런 말세의 특징 중에 감사하지 않는다고 말한 이유가 바로 이런 경우 때문이다.

고등학생들 부모와 형제 그리고 친지와 친구들의 아픔과 고통이 얼마나 컸을지 상상할 수 없다. 사랑하는 사람을 잃은 슬픔에 더해 사라진 아이들 부모의 비정함이 예리한 칼날처럼 그들의 마음을 갈기갈기 찢어 놓았을 것이다. 사람이 서로 감사하지 않으면 서로에게 상처를 남긴다. 그 상처가 치유되지 않고 오래가면 사람들은 서로 벽을 쌓고 결국은 소외된 인간이 돼 버리고 만다. 그런 가정과 사회에서 살아가는 것은 말할 수 없는 고통이다. 한번 진심으로 감사하면 될 일을 사람들은 스스로 고통 속에서 소외되고 있다.

나는 청년 시절에 《감옥 생활에서 찬송 생활로》라는 책을 읽고 크게 감명을 받은 적이 있다. 이 책의 저자인 멀린 캐로더스 목사는 젊은 시절 범죄자로 낙인찍혔다. 그러나 그는 나중에 미 육군 군목이 되었다. 어떻게 이렇게 될 수 있었을까? 그는 어렵고 힘든 환경 속에서 감사하는 법을 배웠기 때문이다. 매사에 감사를 드렸다. 좋지 않은 일에도,

불평하고 원망할 일에도 감사를 드렸다. 그때마다 그는 기적을 체험했다. 상황이 좋게 바뀌는 체험을 한 것이다. 이 책은 이런 간증들로 가득 차 있었다. 나는 이 책의 영향으로 감사하는 신앙생활을 하려고 애썼다. 만일 내가 책을 쓴다면 첫 번째 책은 감사에 관한 책을 쓰고 싶었다. 그리스도인이 감사를 회복하고 감사의 능력을 체험하는 것이 중요하다고 생각했기 때문이다. 그러나 오랫동안 책을 쓰는 일을 시작하지 못했다. 그러다가 하나님의 기적이 절실한 상황을 만나게 되었다.

딸이 약 7년 전인 2014년 9월에 유방암 진단을 받았다. 결혼한 후 7개월만의 일이었다. 신혼의 단꿈에 젖어 있어야 할 딸 부부와 우리 가족은 큰 충격에 휩싸였다. 국내외의 많은 분이 기도해 주었다. 수술과 여덟 차례의 항암치료, 그리고 한 달간의 방사선 치료까지 끝났고, 딸은 다시 일상으로 돌아왔다. 이 모든 치료 과정에서 나는 하나님께 기도하고 믿음으로 매달렸지만 하나님께 감사드린다는 생각은 하지 못했다.

2019년 벽두에 걸려 온 전화. 전화기 저쪽에서 딸은 말했다. "아빠 … 나 … 암이 재발했어. 왼쪽 림프절하고 골반으로 전이됐어." 운전하면서 화곡동 주민센터로 영어회화 강의를 하러 가던 나는 순간 심장이 멎는 것 같았다. 온 세상이 캄캄해지고 하늘이 무너져 내리는 것 같았다. 화곡동까지 어떻게 운전하고 갔는지 모르겠다. 강의를 어떻게 했는지도 모르겠다. 그날 밤 나는 아내에게는 말도 하지 못하고 교회에서 펑펑 눈물을 쏟으며 울었다. "하나님, 저를 대신 데려가시고 사랑하는 딸은 살려 주세요." 나도 모르게 이런 기도가 터져 나왔다.

의사들이 하는 말은 하나 같이 절망적이었다. 그러나 처음과 달리 이때에는 하나님께서 내 마음속에 감사드리라는 감동을 주셨다. "하나님, 사랑하는 딸이 암이 재발되게 하셔서 감사합니다." 아무리 하나님께 기도하는 것이지만 이게 아버지 된 자로서 할 수 있는 기도인가? 그러나 하나님께서 내 감사를 받고 싶어 하신다는 생각이 들었다. "그래 감사하자. 믿음으로 감사하자. 감사를 드리고 하나님께 영광을 돌리자. 감사를 통해서 기적을 경험하자."

나는 모든 기독교인이 감사를 통해서 기적을 경험할 수 있기를 기대한다. 감사는 관계를 회복하고 모든 것을 새롭게 하는 힘이 있다. 상처로 만신창이 된 자신의 삶이 치유되고 회복되는 것을 경험할 수 있다. 이 시대의 수많은 상처 난 가정이 회복된다. 교회마다 분열과 아픔의 상처를 회복하고 은혜가 넘치는 교회가 되며, 기적을 체험할 것이다. 나아가 세상에 선한 힘을 발휘할 수 있다.

2022년 12월

목 차

1장

궤도를 벗어난 신앙

궤도를 벗어난 신앙

본격적으로 감사를 말하기 전에 먼저 기독교 안에 독버섯처럼 퍼져 있는 비성경적인 신앙 양태들을 말하려고 한다. 읽으면서 심기가 불편할 수 있다. 뒤틀린 기독교의 모습이 아프게 다가올 수도 있다. 하지만 하나님의 교회가 치유되고 새롭게 되기를 갈망하는 순전한 마음에 정상 궤도를 벗어난 한국교회의 비성경적인 신앙을 적나라하게 드러내 보려고 한다.

JTBC의 손석희 앵커는 2017년 11월 14일 JTBC 뉴스룸의 앵커 브리핑에서, 미국 상원의 채플 목사였던 리처드 핼버슨(Richard C. Halverson) 목사의 말을 인용했다. "교회는 그리스로 이동해 철학이 되었고, 로마로 옮겨 가서는 제도가 되었다. 그다음에 유럽으로 가서 문화가 되었다. 마침내 미국으로 왔을 때 교회는 기업이 되었다." 손석희 앵커는 바로 이어서 김재환 감독의 말을 인용했다. "기독교는 한국에 들어와서 대기업이 되었다." 김재환 감독은 대형교회 세습을 반대하는 영화 〈쿠오바디스〉를 만든 사람이다.

한국 기독교는 성경의 가르침에서 많이 벗어났다. 그 결과 교회가 한국 사회에서 더 이상 빛과 소금이 되지 못하고 있다. 누구도 이것을 부인하기는 어려울 것이다. 대형교회들이 담임 목사직을 아들에게 세습하는 문제, 목회자의 비윤리적이고 비도덕적인 행태들, 그리고 교회 안에서 벌어지는 다툼과 분쟁, 그 외에 사회적 이슈가 되는 불미스런 사건들 속에 관련 있는 기독교인처럼 교회가 보여주는 모습은 안타깝기 짝이 없다. 교회의 주인이신 예수님은 한국교회를 어떻게 생각하실까? 교회는 이제 그 거룩함과 아름답고 찬란한 진리의 빛을 다 잃어버렸다. 한국교회는 이제 스스로 자정능력을 상실했다고 진단하는 사람도 있다. 그렇지 않다고 강하게 부정하기 어려운 현실이다.

기독교인 개개인의 삶도 크게 다르지 않다. 신앙의 본질을 잃고 방황한다. 본질이 아닌 것을 붙잡고 본질인 양 착각하며 큰소리를 친다. 이 세상 속에서 기독교 신앙으로 승리하는 기독교인을 찾아보기 어렵다. 기독교인은 하나님을 믿는다는 가느다란 끈에 매달려 이리저리 흔들리고 있을 뿐이다. 그 신앙조차 궤도를 벗어난 열차처럼 위험하다. 그들의 신앙은 여러 가지 삶의 문제에 부딪힌다. 이대로 가다가는 여기저기 부서지고 망가지다가 결국 완전히 뒤집히는 멸망을 피할 수 없다. 궤도를 벗어난 신앙의 모습은 한 가지만이 아니다. 궤도를 벗어난 신앙의 행태들은 성도들이 성경적 신앙으로 성숙해지는 과정을 가로막고 방해한다. 참되고 순수한 신앙에서 벗어나게 만든다. 따라서 성도들이 기독교 신앙의 기적과 축복을 경험하지 못하게 한다. 오히려 삶을 망가트릴 뿐이다. 주님의 교회를 해치고 있다. 하나님의 거룩하고 영광스런 이름에 먹칠하고 있다. 이제 정상적인 기독교 신앙의 궤도에서 벗어난 한국교회의 모습을 자세히 살펴보자.

1. 신앙의 재판관

학교에는 공부 잘하는 학생이 있고 공부 못하는 학생이 있다. 프로 스포츠팀이라도 잘하는 선수가 있고 못하는 선수가 있다. 어느 회사든지 일 잘하는 사원이 있고 그렇지 못한 사원도 있다. 어느 단체 어느 모임에나 잘하는 사람이 있는가 하면 못하는 사람이 있기 마련이다.

모임에 열정을 가지고 헌신적으로 참여하는 사람이 있는가 하면 그렇지 못한 사람도 있다. 이런 현상은 교회도 예외가 아니다.

어느 교회에나 신앙생활을 철저하게 하는 이들이 있다. 그들은 자기관리가 철저하다. 결코 공적 예배에 빠지지 않는다. 새벽 기도에도 거의 빠지지 않고 나온다. 헌금 생활도 어긋남이 없다. 교회가 하는 모든 행사에 열정적으로 참여한다. 열심 있는 성도들이 보여주는 모습은 그 자체로 좋은 것이다. 훌륭한 모습이다. 교회는 이런 분들의 수고와 헌신으로 유지되고 든든하게 세워져 간다. 이런 모습은 초신자를 비롯한 다른 성도들에게 모범을 보여준다는 면에서도 바람직하다.

교회 안에는 적당히 신앙 생활하는 사람들이 있다. 어느 교회나 대부분의 교인이 이 부류에 속한다. 그들은 주일 오전에는 나와서 예배드리지만 저녁 혹은 오후 예배에는 참석하지 않는다. 십일조 헌금을 드리지만 온전한 십일조가 아니다. 그야말로 체면치레인 경우가 많다. 적당히 신앙생활을 하는 사람들은 공적인 예배에 모두 참석하지 않는다. 예배 참석이 들쑥날쑥하다. 교회 행사에 참여하는 것도 그때그때 다르다. 시간이 되고 관심이 있으면 참석하고 그렇지 않으면 빠진다. 어떻게 해서든지 참여해야겠다는 열심 같은 것은 없다.

교회 안에는 완전히 엉터리 신자도 많다. 초신자이기 때문에 그런 경우도 있지만, 교회에 나온 지 꽤 오래되어도 신앙이 확고하게 정립되지 못한 사람들이다. 이들이 모든 공적 예배에 안 빠지고 나오기를 기대하는 것은 무리다. 이들은 온전한 헌금 생활을 하지 않는다. 이들은 헌신하지 않는다. 교회에 그냥 한 번씩 들린다는 느낌을 주는 사람들이다. 신앙이 없음에도 불구하고 매주 오는 경우는 가정의 평화를 위해서일 가능성이 크다. 또는 교회의 다양한 프로그램에 참여하거나 다른 사람과 친목을 도모할 목적이 있다.

문제는 이런 세 부류의 신앙생활 모습이 조용하게 유지되지 못한다는 점이다. 다 그런 것은 아니지만 신앙생활을 철저하고 열심히 하는 분 가운데 다른 교인의 신앙을 관찰하고 판단하는 사람이 있다. 그들은 자기들만큼 열심히 신앙생활을 하지 않는 사람을 엉터리라고 판단해 버린다. 이른바 신앙의 재판관이 되는 것이다.

신앙의 재판관들은 아주 초(初)신자이거나 엉터리로 신앙 생활하는 사람들에게는 아무 말도 하지 않는다. 그들의 공격 대상은 적당히 신앙 생활하는 사람들이다. 직분자인데 자신만큼 열심히 하지 않는 사람을 노린다. "장로가 어떻게 새벽 기도를 안 오지?", "그 권사는 권사씩 되어서 왜 십일조도 안 해?", "그 집사는 성가대원이면서 종종 한 번씩 빠져. 충성스럽지가 못해.", "그 청년은 주일학교에서 우리 애 담임인데 공과준비를 잘 안 해온대. 전도사님은 뭐 하나 몰라." 이 같은 고소와 재판이 교회마다 넘쳐난다.

이런 말은 교회 안에서 쉽게 퍼져 나간다. 결국 재판받은 당사자 귀에까지 들어간다. 당연히 기분이 나빠지고 서로 간에 보이지 않는 벽이 쌓인다. 재판받은 사람은 조용히 다른 교회로 가버린다. 교회 안에 그냥 머문다 해도 그런 상한 감정은 시한폭탄이 된다. 언젠가는 교회를 폭파할 것이다. 다른 사람들에게 아픔과 상처를 준다. 그때가 되면 교회는 회복하기 어려운 상처를 받는다.

결국 신앙의 재판관들은 서서히 교회를 망가뜨린다. 교회에 영적인 어둠이 드리워진다. 예배가 답답해진다. 교회에서 은혜가 사라진다.

교회가 영적인 힘을 잃어버린다. 교회가 힘 있게 전도하지 못하게 된다. 교회는 성령 충만하지 못하고 부흥하지 못한다. 겨우겨우 현상 유지를 하거나 마침내 교인 수가 줄어들기 시작한다. 신앙의 재판관이 있는 교회는 이런 참혹한 결과를 피할 수 없다.

신앙의 재판관들은 자신조차 영적인 힘을 잃어버린다. 남을 판단하고 정죄하느라 자신의 심령도 은혜가 메말라, 늦가을 들녘처럼 쓸쓸하고 황량해진다. 그들 심령에는 사랑이 없다. 자연히 곤고한 심령이 된다. 이미 다른 사람들을 판단하고 정죄하였기 때문에 자기 힘으로 철저한 신앙을 유지하려고 애쓴다. 은혜를 모르기 때문에 육적인 힘을 사용한다. 사랑을 모르기 때문에 주님 안에서 쉼을 갖지 못한다. 신앙의 재판관들은 스스로 점점 무기력해지고 지쳐갈 수밖에 없다.

보통 교회 중직자들이 신앙의 재판관이 되기 쉽다. 그들은 나름대로 열심히 신앙생활을 해 온 사람이고 교회에 헌신해서 중직자가 되었기 때문이다. 그들은 교회를 사랑하는 마음도 있다. 그런 마음이 자칫 자기 마음에 차지 않는 다른 성도를 비판하며 표출하게 만드는 것이다.

담임 목사도 잘못하면 신앙의 재판관이 되는 함정에 빠지기 쉽다. 담임 목사는 가르치는 자의 입장이다 보니 더욱 그렇다. 담임 목사로서 나도 이런 함정에 빠진 적이 있다. 한 20년 전쯤에 매 주일 설교 시간이면 조는 성도가 있었다. 물론 누구나 한 번쯤 예배 시간에 졸음이 오기도 한다. 그러나 이 성도는 매 주일 졸았다. 그것도 설교 시간에만 졸았다. 광고 시간이 되면 잠에서 깼다. 나는 매 주일 그렇게 졸고 있는 성도를 보면서 마음이 불편해지기 시작했다. 내가 얼마나 애쓰고 힘써서 준비한 설교를 하는데 당신은 기껏 졸아, 하는 생각이 들어

은근히 속상하고 화가 났다. 그 성도가 밉다는 생각까지 들었다.

담임 목사가 설교단에 서면 하나님 은혜에 감사하고 성도들을 사랑하는 마음이 충만해야 한다. 그래야만 설교를 제대로 할 수 있다. 그러나 나는 매 주일 설교 시간에 졸고 있는 이 성도가 미웠다. 결국 어느 주일 담임 목사로서는 절대 해서는 안 되는 말을 하고 말았다. 나는 광고 시간에 이렇게 말했다. "설교 시간에 제발 졸지 마십시오. 조는 사람은 정말 꼴 보기 싫습니다." 지금 생각하면 제정신이 아니었던 것 같다. 어떻게 그런 말을 할 수 있었을까. 나중에 내 귀에 들려온 말은 이랬다. "어떻게 목사님이 강단에서 그렇게 말할 수 있나. 정말 실망했다." 그 일을 생각하면 지금도 하나님 앞에 정말 부끄럽고 죄송하다.

신앙의 재판관이 된 사람들은 결코 기독교 신앙 안에서 행복하지 못하다. 그들은 기독교 신앙의 능력을 알지 못한다. 이론적으로는 알지 모르지만 기독교 신앙 안에서 누리는 기쁨과 즐거움은 결코 알지 못한다. 남을 판단하고 정죄하는 사람은 스스로 독을 품는다. 독을 뿜어내고 자기도 독가스를 마신다. 시간이 지날수록 신앙이 성장하고 하나님의 은혜와 능력을 체험해야 하는데, 그들은 반대로 점점 지쳐가고 영적으로 메마르고 죽어간다.

하나님께서는 하나님의 자녀들이 서로 판단하고 비방하는 것을 기뻐하시지 않는다. "너는 네 백성 중에 돌아다니며 사람을 비방하지 말며 네 이웃의 피를 흘려 이익을 도모하지 말라 나는 여호와이니라"(레 19:16). 모세가 구스 여자를 취하였다. 이 일을 두고 미리암과 아론이 모세를 비방했다. 모세는 "온유함이 지면의 모든 사람보다 더하였기"(민 12:3) 때문에 아무런 대꾸나 변명을 하지 않았다.

하나님께서 갑자기 모세와 아론과 미리암을 불러서 회막 앞에 세우셨다. 그리고 모세가 충성스러운 종임을 말씀하시고 난 후 다음과 같이 말씀하셨다. "그와는 내가 대면하여 명백히 말하고 은밀한 말로 하지 아니하며 그는 또 여호와의 형상을 보거늘 너희가 어찌하여 내 종 모세 비방하기를 두려워하지 아니하느냐"(민 12:8). 여호와 하나님은 모세를 비방한 아론과 미리암에게 진노하시고 떠나셨다. 이스라엘을 이끌던 장막 위의 구름이 떠나갔다. 미리암은 나병에 걸렸다.

사도 바울은 하나님의 감동으로 이렇게 말했다. "너희는 모든 악독과 노함과 분냄과 떠드는 것과 비방하는 것을 모든 악의와 함께 버리고 서로 친절하게 하며 불쌍히 여기며 서로 용서하기를 하나님이 그리스도 안에서 너희를 용서하심과 같이 하라"(엡 4:31, 32). 하나님은 우리가 비방하기보다는 서로 친절하고 불쌍히 여기며 용서하기를 원하신다. 바울은 또 디도에게 편지하면서, 성도들에게 "아무도 비방하지 말며 다투지 말며 관용하며 범사에 온유함을 모든 사람에게 나타낼 것을 기억하게 하라" 하고 가르쳤다.

2. 윤리와 도덕 교사

기독교인으로 사는 것은 이 세상에서도 올바른 삶을 살아야 함을 의미한다. 기독교인은 윤리와 도덕적인 삶에서 세상 사람들을 능가해야 한다. 예수님 말씀이다. "내가 너희에게 이르노니 너희 의가 서기관과 바리새인보다 더 낫지 못하면 결코 천국에 들어가지 못하리라"(마 5:20). 예수님의 말씀은 기독교인이 윤리적이고 도덕적이어야 한다는 주장의 근거가 될 수 있다. "예수님의 말씀을 봐라. 기독교인은 세상에서 누구보다도 윤리적이고 도덕적인 삶을 살아야 하지 않는가. 기독교인은 당연히 윤리적이고 도덕적이어야 한다."

그러나 기독교 신앙은 단순히 윤리와 도덕을 가르치는 종교가 아니다. 흔히 하는 말로 기독교는 'Doing'이 아니라 'Being'이 먼저다. 즉 무엇인가 되는 것이 먼저다. 그 후에 비로소 무엇을 하는 존재가 되어야 한다. 확실하게 무엇이 먼저 되지 못하면 절대로 무엇을 온전히 하지 못한다. 그러므로 무엇이 되기 전에는 아무리 윤리와 도덕을 가르쳐도 절대로 그렇게 살 수 없다. 그러므로 무엇인가 되지 못했는데 자꾸 무엇을 하라고 가르치는 것은 기독교의 본질이 아니다.

기독교 신앙은 먼저 하나님의 자녀가 되는 것이다. 십자가에서 내 죄를 짊어지고 나 대신 죽으셔서 내 죗값을 치르신 하나님 아들 예수 그리스도를 인격적으로 만나고 그분을 나의 주 나의 하나님으로 영접하는 것이다. 예수님을 영접함으로써 모든 죄를 용서받고 하나님의 자녀가 된다. 예수님이 말씀하신 서기관과 바리새인보다 더 나은 '의'는 바로 예수님을 믿음으로 얻게 되는 의다. 그 의를 통해서 천국에 들어간다.

하나님의 자녀가 되었을 때 그 사람 속에는 하나님의 성령이 거하신다. 성도 안에 내주하시는 성령은 상담자, 보호자, 인도자, 돕는 자와 같은 역할을 통해서 성도가 성도다운 삶을 살게 한다. 기독교인으로서 성공적이고 열매를 맺는 삶은 육신적인 노력으로는 불가능하다. 오직 성령님께서 성도가 그렇게 살 수 있게 하신다. 사도 바울은 "술 취하지 말라 이는 방탕한 것이니 오직 성령의 충만을 받으라"(엡 5:18)고 했다. 성도는 내주하시는 성령께서 자기 속에 충만히 거하시게 해야 한다.

많은 성도가 성령으로 충만하지 못하다. 따라서 자꾸 신앙의 본질과 정수(精髓)에서 벗어난다. 기독교 신앙이 무엇인지 망각한다. 육신적인 노력을 강조한다. 육체적인 공로를 높이 평가한다. 윤리와 도덕적으로 완전한 삶을 사는 것이 기독교 신앙인 줄 아는 착각에 빠진다. 윤리와 도덕을 지키는 것은 당연히 좋은 일이다. 그러나 이것이 전부라고 착각했을 때 기독교 신앙이 가져다주는 삶의 능력을 경험하지 못한다. 기독교 신앙으로 경험할 수 있는 하나님의 기적을 맛보지 못하게 된다.

가이사랴에 살던 이달리야 군대의 백부장 고넬료가 바로 그런 사람이었다. 사도행전 10장 2절은 그가 어떤 사람인지 말해준다. "그가 경건하여 온 집안과 더불어 하나님을 경외하며 백성을 많이 구제하고 하나님께 항상 기도하더니." 고넬료가 얼마나 훌륭한 사람인가? 그러나 하나님께서는 고넬료를 그 상태로 그냥 놔두지 않으셨다. 하나님께서 그것으로 만족하지 않으신 것이다. 즉 하나님을 섬길 때 윤리적이고 도덕적인 사람이 되는 것만으로는 충분하지 않다. 본질이 빠졌다. 그래서 베드로를 청해다가 말씀을 듣게 했다. 베드로가 고넬료 집에 가서 무엇을 설교했는가? 사도행전 10장 36-43절이 베드로 설교의 핵심이다.

"만유의 주되신 예수 그리스도로 말미암아 화평의 복음을 전하사 이스라엘 자손들에게 보내신 말씀 곧 요한이 그 세례를 반포한 후에 갈릴리에서 시작하여 온 유대에 두루 전파된 그것을 너희도 알거니와 하나님이 나사렛 예수에게 성령과 능력을 기름 붓듯 하셨으매 그가 두루 다니시며 선한 일을 행하시고 마귀에게 눌린 모든 사람을 고치셨으니 이는 하나님이 함께 하셨음이라 우리는 유대인의 땅과 예루살렘에서 그가 행하신 모든 일에 증인이라 그를 그들이 나무에 달아 죽였으나 하나님이 사흘 만에 다시 살리사 나타내시되 모든 백성에게 하신 것이 아니요 오직 미리 택하신 증인 곧 죽은 자 가운데서 부활하신 후 그를 모시고 음식을 먹은 우리에게 하신 것이라 우리에게 명하사 백성에게 전도하되 하나님이 살아 있는 자와 죽은 자의 재판장으로 정하신 자가 곧 이 사람인 것을 증언하게 하셨고 그에 대하여 모든 선지자도 증언하되 그를 믿는 사람들이 다 그의 이름을 힘입어 죄 사함을 받는다 하였느니라.”

베드로가 이 설교를 했을 때 고넬료 집에 모여서 말씀을 듣는 모든 사람에게 성령이 임하셨다. 그들은 방언을 말하며 하나님을 높여 드렸다. 베드로와 같이 온 할례 받은 신자들이 이방인들에게도 성령이 임하는 것을 보고 깜짝 놀랄 정도였다. 베드로는 이런 광경을 보고 그들에게 주저 없이 세례를 베풀기까지 했다.

고넬료는 하나님을 경외하는 마음으로 구제하는 일을 열심히 했다. 그러나 하나님은 그가 무엇을 하기 이전에 무엇이 되어야 했기 때문에 베드로를 보내서서 복음을 듣고 구원을 받아 먼저 하나님의 자녀가 되게 하셨다. 그리고 그들에게 성령을 부어 주셨다. 윤리와 도덕만을 강조하는 것은 기독교 본질이 아니다. 기독교 복음의 본말전도(本末顚倒)다. 따라서 하나님 은혜와 사랑, 나아가 하나님의 기적 축복을 경험하지 못한다.

이미 말한 대로 기독교인은 도덕적이고 윤리적이어야 한다. 그러나 구원받고 하나님 자녀가 되었다는 확신이 없으면 절대 도덕적이고 윤리적인 사람이 되지 못한다. 기독교인의 윤리 의식과 도덕의식은 세상 사람들보다 뛰어나야 한다. 그러나 예수님을 인격적으로 만나는 체험, 예수 그리스도를 통해서 하나님의 은혜와 사랑을 경험하지 못하면 결코 윤리적이고 도덕적이 될 수 없는 것이다.

목회자의 설교가 자칫하면 윤리적이고 도덕적인 문제만 다루기 쉽다. 설교자들은 예수 그리스도의 십자가와 부활은 성도들이 다 안다고 생각한다. 그래서 복음을 반복해서 전하는 것을 꺼리고 자꾸 도덕적이고 윤리적인 문제를 설교주제로 삼는다. 설교자들의 이런 성향이 기독교 신앙을 약하게 만든다.

바울이 그의 서신서들에서 복음의 본질을 말하는 앞부분을 빼고 성도의 삶의 문제를 다루는 뒷부분만 썼다고 가정해 보라. 결코 있을 수 없는 일 아닌가? 복음을 알 때, 복음으로 영혼이 거듭나고 새사람이 되었을 때, 비로소 바리새인보다 더 의롭게 될 수 있다. 어떤 사람보다도 윤리적으로 도덕적으로 훌륭하게 된다.

할렐루야 교회 은퇴 목사이며 횃불트리니티대학원대학교 총장을 역임한 김상복 목사는 그의 책《당신은 확실히 믿습니까?》에서 구원의 확신을 강조한다. 한국교회의 수많은 성도가 구원의 확신이 없다고 말한다. 거듭남의 확신이 없다고 말한다. 심지어 장로와 권사같이 신앙생활 기간이 길고 교회에서 중요한 직분을 맡은 사람도 구원의 확신이 없는 사람이 많다고 말한다.

김상복 목사의 진단이 맞는다면, 그것은 한국교회에서 발생하는 여러 가지 문제의 원인 중 한 가지다. 그래서 아무리 설교를 들어도, 성경을 공부해도 삶이 바뀌지 않는다. 교회는 점점 영적인 힘을 잃어간다. 사회에서 교회의 영향력이 감소한다. 사람들은 점점 교회를 떠나고, 교회는 사람들의 따가운 눈총과 함께 외면당할 수밖에 없다. 한국교회의 안타까운 현실이다.

3. 기복신앙

기복신앙이란 무엇인가? 기복신앙은 기독교 신앙이 아닌가? 기복신앙은 하나님의 뜻과 섭리에는 관심 없이 오직 현세적인 축복과 형통만을 구하는 신앙이다. 한국교회에 가장 넓고 깊게 스며들어와 있는 변질된 신앙 모습이다. 교회에 출석하는 많은 사람이 복음을 알지 못한다. 그들은 예수 그리스도를 인격적으로 만난 경험이 없다. 사람들이 불교나 힌두교 혹은 이슬람교를 종교로 가지고 있는 것처럼 기독교라는 종교를 가지고 있을 뿐이다.

기복신앙을 가진 사람이 하나님을 부르며 기도할 때 구하는 것은 오직 현세적인 축복뿐이다. 예배에 참석하고 기도회에 나오는 것은 오직 현세적인 형통과 물질적인 부유함을 얻으려는 목적이다. 성숙한 신앙, 하나님의 뜻을 향한 헌신, 희생적인 섬김 같은 것을 기대할 수 없다. 기복신앙을 가진 사람은 한동안 교회에 출석하다가 별무신통하면 교회를 떠난다. 어떤 영적인 갈등이나 고통스러움 없이 간단히 교회를 그만둔다. 혹 어떤 교회에 뭔가 있다는 소문을 들으면 역시 주저 없이 교회를 옮겨 버린다. 기복신앙을 가진 사람이 보여주는 또 다른 특징은 여기저기 기도원들을 찾아다니는 것이다. 기도원에 기도하러 가는 자체가 나쁘지 않지만 현세적인 복을 구하러, 오직 그것만을 구하러 간다는 것이 문제다.

기복신앙과 결을 같이하는 신학이 있는데, 바로 번영신학이다. 번영신학에서 기복 신앙이 자라난다. 번영신학은 예수님을 믿으면 이 세상에서 잘된다고 주장한다. 하나님은 그의 자녀들이 몸도 건강하고 하는 일도 잘 풀리고, 세상에서 반드시 성공해서 하나님을 영화롭게 할 것이라고 주장한다.

기복신앙이나 번영신학은 전혀 성경적이지 않다. 성경이 가르쳐주는 올바른 신앙이 아니며 올바른 신학이 아니다. 성경은 현세적인 축복이 기독교 신앙의 목적이 되거나 전부인 양 가르치지 않는다. 성경 어디에도 그런 구절은 없다.

예수님은 도리어 무엇을 먹을까 무엇을 입을까 염려하지 말고 먼저 그의 나라와 그의 의를 구하라고 말씀하셨다. 무엇을 먹을까 무엇을 입을까를 구하는 것은 이방인들이 구하는 것이라고 하셨다. 공중에 나는 새를 먹이시고 들에 피는 들풀을 입히시는 하늘에 계신 하나님께서 우리에게 그런 것이 필요한 것을 다 아신다고 하셨다. 그러므로 우리는 하나님의 나라와 하나님의 의(義)를 구해야 한다. 이것이 기독교인이 구할 것이다(마 6장). 하나님의 나라와 하나님의 의 때문에 기독교인은 고난을 당하기도 한다. 하나님의 뜻을 따라 수치를 당하기도 하고 목숨을 잃기도 한다. 기독교 역사는 이렇게 믿음으로 살아간 사람들의 역사다.

히브리서 11장을 보면 믿음으로 산 믿음의 선진들의 모습이 기록되어 있다. 특별히 36절과 37절을 보라. "[믿음으로] 또 어떤 이들은 조롱과 채찍질뿐 아니라 결박과 옥에 갇히는 시련도 받았으며 돌로 치는 것과 톱으로 켜는 것과 시험과 칼로 죽임을 당하고 양과 염소의 가죽을 입고 유리하여 궁핍과 환난과 학대를 받았으니."

초기 기독교 역사는 기독교인의 고난과 순교의 역사라고 해도 과언이 아니다. A.D. 64년에 로마 시내에서 대화재가 발생했다. 로마시민들은 네로 황제를 의심했다. 공교롭게도 기독교인이 밀집해서 사는 지역만 화재로 인한 피해를 입지 않고 무사하였다. 네로 황제는 이를 근거로 화재가 기독교인 소행이라고 몰아갔다. 곧이어 기독교인을 핍박하기 시작했다. 이때 시작한 기독교인 핍박은 313년 로마 콘스탄틴 황제가 기독교를 공인할 때까지 끊임없는 순교로 이어졌다. 수많은 신실한 기독교인이 순교를 당했다. 고대 로마 역사가인 타키투스는 네로의 박해에 대해 이렇게 기록을 남겼다.

네로는 기독교인을 죽이기 전에 시민들을 위한 오락에 이용하였다. 신자들 중 일부는 털옷을 덮어씌워 개들로 하여금 찢어 죽이게 하였다. 또 다른 자들은 십자가형에 처하였다. 또 다른 이들은 불을 질러서 밤에 등불처럼 밝게 하였다. 네로는 자기의 정원을 열어 이러한 쇼를 연출하였고, 그는 마치 전차 경주자처럼 옷을 입고 그 전차를 타고 돌아다님으로써 원형 경기장의 스페타클을 연출하였다. (유스토 I. 곤잘레스, 서영일 역, 《초대교회사》)

필자가 고등학교 다니던 시절, 로마의 마르쿠스 아우렐리우스 황제의 저서 《명상록》 일부가 교과서에 실려 있었다. 그는 A.D. 161년에 로마 황제가 된 인물로 그 시대의 지성인 중에 지성인으로 여겨진다. 그는 스토아 철학자였다. 이런 마르쿠스 아우렐리우스 황제 치하에서도 박해가 있었다. 한 가지 실례가 있다.

일곱 명의 아들을 둔 펠리시타스(Felicitas)라는 과부가 있었다. 그녀는 교회에서 헌신적인 성도였고, 교회는 그 과부를 돌보아 주었다. 이교도 사제들이 그녀를 당국에 고발하였다. 총독이 회유와 협박을 번갈아 하며 그녀가 신앙을 포기하게 하려고 했다. 그러나 그녀는 이렇게 대답했다. "내가 살아 있는 동안에도 당신에게 승리할 것이며, 나를 죽인다면 죽음을 통하여 더욱더 큰 승리를 거두리라." 총독은 그녀의 아들들을 회유했지만 펠리시타스는 아들들을 격려하였다. 그녀의 아들들은 그 어떤 협박에도 굴하지 않았다. 이 모든 사실에 대한 보고를 받은 마르쿠스 아우렐리우스 황제는 그 도시의 각각 다른 지역에서 펠리시타스와 그녀의 아들들을 처형시켰다. (유스토 L. 곤잘레스, 서영일 역,《초대교회사》)

약 300년에 걸친 기독교 핍박과 그에 따른 수없는 신자들의 순교를 다 거론할 수는 없다. 익나티우스 감독의 순교, 폴리캅의 순교 등이 기록에 남아 있다. 그러나 기록에 남지 않은 셀 수 없는 순교 사건이 있었다.

어디 그뿐인가? 이후 기독교 역사도 수많은 핍박을 견뎌 낸 역사다. 우리나라도 예외는 아니다. 수많은 기독교인이 핍박과 죽음을 당했다. 나는 담임 목사로서 25년 넘게 목회하고 있다. 성도들이 고난과 역경에 처해지는 일을 수없이 봐왔다. 성도가 고난당하는 이유를 모두 다 알지 못한다. 그러나 신실한 성도도 때로 고난과 역경에 처한다.

만약에 기복신앙이나 번영신학이 맞는다면, 성경에 기록된 믿음의 사람들이 당한 고난과 핍박을 어떻게 설명할 수 있는가. 그런 기록들은 없어야 하지 않는가. 기독교 역사에서 핍박과 순교도 없어야 한다.

지금도 신실한 성도들이 고난당하는 일이 일어나지 말아야 한다. 기복신앙이나 번영신학은 기독교 본질을 벗어났다. 신앙이라고 부르지만 신앙이 아니다. 이런 신앙행태로는 성경적인 하나님을 경험하는 진정한 의미의 축복과 기적을 경험하지 못한다.

4. 불평과 원망을 쏟아 놓는 사람들

이 땅 위에 있는 교회는 아직은 연약하다. 교회마다 문제가 있다. 바울 서신을 읽어보면 알 수 있다. 고린도 교회를 보라. 이 교회에는 분파가 있었다. 도덕적으로도 심각한 문제를 안고 있었다. 은사 문제로 갈등도 심했다. 사도 바울의 사도권에 대한 의심으로 시끄러웠다. 심지어 예수 그리스도의 부활을 믿지 않는 사람들도 있었다. 갈라디아 교회는 또 어땠는가? 이 교회는 바울이 전해준 참 복음과 진리에서 떠났다. 구원을 받으려면 예수를 믿는 것만으로는 충분치 않으니 반드시 할례를 받아야만 한다는 유대주의자 말에 넘어간 것이다.

성경에 있는 교회만 그런 것이 아니다. 한국교회와 한국 사회는 이미 교회가 저지른 온갖 부정한 일과 탐욕스러운 모습에 진저리를 치고 있다. 한국교회는 이미 영향력을 상실했다. 목회자는 이미 신뢰의 대상이 되지 못한다. 그래서 전도가 되지 않는다. 기독교인 수는 점점 감소하고 있다. 대형교회의 비리와 부정이 전도를 가로막고 있다. 슬픈 현실이다.

기독교인 개개인에게도 원망스럽고 불평할 만한 일이 생길 수 있다. 열심히 기도했는데 응답을 받지 못한다. 헌금생활도 열심히 하고 교회에 충성했는데 아무도 알아주지 않는 경우가 생긴다. 교회 일을 하다가 의견이 달라 서로 마음 상하는 일도 생긴다. 자신이 출석하는 교회가 하는 일에 불평이 생길 수도 있다. 담임 목사의 설교가 만족스럽지 못할 수도 있다.

그러나 교회가 아무리 문제가 있더라도 교회는 주님의 교회라는 사실을 알아야 한다. 스위스 제네바의 종교개혁자 존 칼빈(John Calvin)은 그의 책 《기독교 강요》 제4권에서 참된 교회의 표지를 두 가지로 말한다. 하나는 복음의 올바른 선포이고, 다른 하나는 예수님이 제정하신 성례-성찬과 세례-의 올바른 시행이다. 즉 교회가 비록 많은 문제점을 안고 있고 연약함에 휩싸여 있더라도 말씀이 올바로 선포되고 성례가 집행되고 있다면 그곳이 주님의 교회라는 것이다.

이 땅에 있는 교회의 이런 연약함을 두고 우리는 어떻게 해야 하는가? 우선 하지 말아야 할 것은 원망과 불평이다. '이런 게 무슨 교회야?' 같은 의문과 불평이 생기더라도 불평하고 원망해서는 안 된다. 성경 그 어디에도 불평과 원망을 지지하는 구절은 없다. 기독교인이 불평과 원망으로 얻을 것은 아무것도 없다. 광야에 있던 이스라엘 백성을 보라. 그들이 '목마르다, 고기가 먹고 싶다, 광야에서 죽게 생겼구나' 하면서 모세와 아론을 원망했을 때, 그들은 아무것도 얻지 못했다. 하나님은 이스라엘이 자신을 믿지 못한다고 책망하셨다. 하나님이 행하신 수많은 이적과 표적을 보고도 여전히 믿지 못하는 이스라엘에게 실망감을 드러내셨다.

하나님은 원망하고 불평하는 사람을 심판하시기도 하셨다. 고라와 다단과 온, 이렇게 세 사람이 당을 짓고 이스라엘 가운데 이름 있는 지휘관 이백오십 명과 함께 모세를 거스르고 일어나서 불평을 쏟아 놓았다. "너희가 분수에 지나도다 회중이 다 각각 거룩하고 여호와께서도 그들 중에 계시거늘 너희가 어찌하여 여호와의 총회 위에 스스로 높이느냐"(민 16:3). 모세는 그들에게 "너희가 너무 분수에 지나치느니라"(민 16:7하)고 했다. 모세를 거슬러 일어났던 그들은 하나님께 심판을 받았는데, 그들이 선 땅이 갈라지며 그들과 속한 사람들과 재물이 모두 땅속으로 빠지고 다시 땅이 그 위에 덮여서 멸망했다.

사도 바울은 빌립보 교회에 "모든 일을 원망과 시비가 없이하라"(빌 2:14)고 편지를 썼다. 빌립보 교회에 원망과 시비가 있었던 것이 틀림없다. 원망과 시비가 있는 교회가 빌립보 교회뿐이겠는가? 그렇지 않다. 어느 시대 교회든지 불평하고 원망하는 사람들이 있다. 그렇다고 묵인하고 넘어갈 문제가 아니다. 하나님 말씀인 성경은 명확히 불평하고 원망하지 말라고 가르친다.

"여호와 앞에 잠잠하고 참고 기다리라 자기 길이 형통하며 악한 꾀를 이루는 자 때문에 불평하지 말지니라"(시 37:7). 불평하고 원망하는 사람은 자신은 부인할지 모르지만 하나님을 믿지 못하는 것이다. 하나님께서 살아계시고 모든 것을 알고 계시고 주관하고 계시는 것을 믿지 못하는 것이다. 시인은 말하지 않는가. "여호와 앞에 잠잠하고 참고 기다리라"

시편 73편 기자는 신앙의 큰 회의를 갖게 되었다. 그는 이렇게 털어놓는다. "하나님이 참으로 이스라엘 중 마음이 정결한 자에게 선을 행하시나 나는 거의 넘어질 뻔하였고 나의 걸음이 미끄러질 뻔하였으니 이는 내가 악인의 형통함을 보고 오만한 자를 질투하였음이로다"(시 73:1-3). 시편 기자는 하마터면 신앙을 버릴 뻔 했다는 고백을 한다. 하나님을 모르고 악행을 일삼는 자들이 형통함을 보고 질투가 났을 뿐만 아니라 하나님에 대한 신앙도 의구심이 들었기 때문이라는 것이다. 그는 자신을 질투하게 만들고 신앙을 흔들어 놓은 구체적인 실례들을 조목조목 말한다. "그들은 죽을 때에도 고통이 없고 그 힘이 강건하며 사람들이 당하는 고난이 그들에게는 없고 사람들이 당하는 재앙도 그들에게는 없나니 그러므로 교만이 그들의 목걸이요 강포가 그들의 옷이며 살찜으로 그들의 눈이 솟아나며 그들의 소득은 마음의 소원보다 많으며 그들은 능욕하며 악하게 말하며 높은 데서 거만하게 말하며 그들의 입은 하늘에 두고 그들의 혀는 땅에 두루 다니도다"(시 73:4-10).

악인들은 이러면서 하나님이 아무것도 모른다고 떠벌렸다. 시인은 너무 혼란스러웠고 하나님을 믿는 신앙에 회의를 가졌다. "볼지어다 이들은 악인들이라도 항상 평안하고 재물은 더욱 불어나도다 내가 내 마음을 깨끗하게 하며 내 손을 씻어 무죄하다 한 것이 실로 헛되도다 나는 종일 재난을 당하며 아침마다 징벌을 받았도다"(시 73:12-14). 시인은 하나님을 최선을 다해 섬기는 자신이 오히려 언제나 재난을 당하는 상황에서 마음속에 실망과 하나님을 향한 섭섭함이 생겼다.

그러나 그는 하나님의 전(殿)에 올라갔을 때 깨달았다. 자신이 우매무지했다고 고백한다(22절). 자신의 육체와 마음은 쇠약하지만 하나님은 자기 마음의 반석이시고 영원한 분깃이라고 고백한다(26절). 그리고 마지막 절에 노래한다. "하나님께 가까이 함이 내게 복이라 내가 주 여호와를 나의 피난처로 삼아 주의 모든 행적을 전파하리이다"(시 73:28).

기독교 신앙은 불평하거나 원망하는 것을 지지하지 않는다. 어떤 불편부당한 일이 있더라도 하나님을 바라보며 참고 기다린다. 더 나아가 하나님께 감사한다. 하나님을 믿기 때문이다. 하나님의 깊고 높은 지혜와 경륜을 신뢰하기 때문이다. 삶이 어떻게 변하든지 하나님 신뢰하는 것을 포기하지 말아야 한다. 하나님은 신실하신 분이다. 말씀하신 것을 뒤집지 않으신다. 약속하신 일을 취소하지 않으신다.

5. 습관적인 신앙의 사람들

전옥표 전 삼성전자 상무가 쓴 《이기는 습관》은 베스트셀러가 되었다. 당시 김신배 SK 텔레콤 사장은 직원들에게 이메일을 보내서 이 책 일독을 추천하면서 이기는 습관을 강조했다. 자기 마음대로 항상 이길 수 있고 그것이 습관이 될 수 있는지 확실히 알지 못하지만, 패배의식에 젖는 것보다 이기는 삶을 살기 위해 노력하는 자세는 좋은 일이다.

당신은 어떤 습관을 가졌는가? 좋은 습관도 있고 나쁜 습관도 있다. 좋은 습관을 가졌다면 좋은 일이다. 부모는 자녀가 좋은 습관을 들이도록 마음을 쓴다. 어렸을 때부터 일찍 일어나는 습관, 독서하는 습관, 운동하는 습관을 기르면 얼마나 좋겠는가.

그러나 기독교 신앙이 습관이 되는 것은 바람직하지 않다. 기독교 신앙을 갖고 사는 것은 습관적으로 규칙을 지키고 의식을 행하는 것을 의미하지 않기 때문이다. 이사야 선지자 시대의 이스라엘 백성은 하나님을 믿고 섬기는 신앙이 습관이 되었다. 그들은 모든 절기를 지키고 때를 따라 하나님 앞에 제사를 드렸지만 습관적으로 했을 뿐 하나님을 진심으로 공경하고 사랑하는 마음을 갖지 않았다. 그들은 여전히 죄 가운데 거하였다.

하나님의 탄식을 들어 보자. "여호와께서 말씀하시되 너희의 무수한 제물이 내게 무엇이 유익하뇨 나는 숫양의 번제와 살진 짐승의 기름에 배불렀고 나는 수송아지나 어린 양이나 숫염소의 피를 기뻐하지 아니하노라 너희가 내 앞에 보이러 오니 이것을 누가 너희에게 요구하였느냐 내 마당만 밟을 뿐이니라"(사 1:11-12).

습관적이고 형식적인 신앙생활을 하는 사람이 많다. 예수님께 책망받은 바리새인들처럼 사람에게 보이려고 기도한다. 다른 사람에게 인정받기 위해서 봉사한다. 교회에서 중직자가 되려는 생각으로 억지로 하는 경우도 많다. 이런 신앙의 행태들은 올바르지 않다. 성경적이지 않기 때문이다. 기독교 신앙은 다른 사람이 보는 겉모습이 전부가 아니다. 하나님은 나의 신앙이 습관적이고 형식적인지 혹은 외식하는 신앙인지 다 아시기 때문에 습관적인 신앙은 헛것이다. 하나님은 겉으로 드러나는 모습에 절대로 속지 않기 때문이다.

기독교 신앙의 본질은 무엇인가? 기독교 신앙은 성삼위일체 하나님과 맺는 관계다. 관계는 습관이 되면 안 된다. 관계가 습관이 되면 지루해진다. 상호 간에 예의가 없어진다. 서로 더는 사랑하지 않게 된다. 습관적이 된 관계는 결국 점점 멀어진다. 습관적인 신앙생활을 하는 사람은 하나님과의 관계가 지루해지고 신선하지 못하다. 예배드리는 것도, 기도하는 것도 모두 습관에 따라 하다 보니 어떤 기대감도 없다. 가슴 뛰는 감동이 없다. 단지 오래된 습관을 따라 신앙생활 하는 겉모습을 포장하고 유지하고 있는 것에 불과하다.

결과적으로 습관적인 신앙은 살아있는 신앙이 되지 못한다. 하나님의 은혜와 사랑을 누리지 못한다. 삶 속에서 하나님이 역사하시는 능력의 손길을 경험하지 못한다. 예배를 드려도 은혜를 경험하지 못한다. 기도는 하나님과 교제하는 시간인데, 그 시간이 재미없어진다. 하나님의 음성을 듣지 못한다. 성경을 읽기가 싫고 읽어도 아무것도 깨닫지 못한다.

날마다 하나님과 교제하면서 사랑의 관계를 맺어 나가지 못하면 누구라도 습관적이고 외식적인 신앙생활로 굴러떨어질 수 있다. 아무리 신앙생활을 오래 했어도 예외가 없다. 목사가 되고 장로가 되어도, 교회에서 어떤 중직을 맡더라도 하나님과 사랑의 관계를 유지하지 못하면 신앙은 곧바로 습관이 되어 버리고 만다.

나는 1987년 대학을 졸업하고 바로 신학대학원에 진학했다. 그해 5월에 경북 경산에 있는 경산교회 교육전도사가 되었다. 전도사로서 몇 개월 사역을 한 뒤에 대학 후배를 만났다. 그는 대학 때 같은 선교단체에 있던 후배였다. 그 후배가 질문을 했다. "전도사님들도 경건의 시간을 가지시나요?" 그 후배가 정말 몰라서 그런 질문을 한 것인지 어떤지는 나는 잘 모른다. 아무튼 전도사가 아니라 평생 목회한 목사라도, 평생 교회를 사랑하고 헌신한 장로 혹은 권사라도 매일매일 말씀과 기도를 통해서 하나님과 함께 하는 시간을 가져야 한다. 만일 그렇지 못하면 하나님과 관계가 멀어지고 신앙은 어느새 습관적으로 흐를 수밖에 없다. 이런 습관적인 신앙은 보통 믿는 가정에서 태어나서 기독교 신앙 때문에 어떤 핍박이나 곤란함을 겪지 않고 살아온 사람들에게 나타나기 쉽다. 그들에게 신앙은 어렸을 때부터 당연한 것이기 때문이다. 이른바 모태신앙을 가진 사람은 교회에 나가고 신앙생활 하는 데 아무 문제가 없었기 때문에 절실함이 없는 경우가 많다.

인도 북쪽에 '나갈랜드'라는 지역이 있다. 이곳은 미국 남침례교 선교사들이 선교한 지역으로 현재는 90% 이상이 기독교인이다. 미국 선교 역사상 가장 성공적인 곳으로 손꼽힌다. 한국에 와서 신학을 공부하는 인도 학생 대부분이 이 지역 출신이다. 그들은 나갈랜드의 90% 이상이 기독교인인 것이 사실이긴 한데 사실 대부분 명목상 기독교인이라고 말한다. 그들에게 기독교 신앙은 어린 시절부터 그냥 당연하다. 신앙 때문에 갈등을 겪어 보지 않았고 어떤 고난이나 핍박을 경험하지 못했다. 그러다 보니 습관적으로 교회에 나가는 명목상 기독교인이 된 것이다.

습관이 된 신앙은 영적인 심장이 뛰지 않는다. 예배드릴 때 하나님의 임재를 경험하지 못한다. 말씀이 들리지 않고, 성경이 꿀처럼 달다는 고백이 이해되지 않는다. 하나님께 드리는 시간과 물질이 아깝다고 생각한다. 하나님에게 드리는 기도는 중언부언이기 일쑤다. 어떤 면에서 습관적인 신앙에 빠지는 것이 제일 위험하다. 일단 겉보기에 신앙생활 하는 것처럼 보이기 때문이다. 주위 사람이 알 수 없을 뿐만 아니라 자신조차 자신의 신앙에 문제가 생겼는지 알아채기가 쉽지 않기 때문이다.

6. 비즈니스 마인드를 가진 사람들

기독교 신앙을 얘기하는데 무슨 비즈니스 마인드를 언급하느냐고 할 분이 있을지 모르겠다. 교회에 출석하는 이유는 다양하다. 많이 꼽는 이유는 "담임 목사의 설교가 은혜가 된다", "설교가 성경적이고 삶에 유익하다" 같은 것이다. 그 외에도 "교회가 프로그램이 좋아서", "교회 시설이 좋아서", "집에서 가까워서"처럼 이유가 다양하다. 내가 전도사 시절 섬긴 교회 담임 목사님은 자기가 만일 어떤 교회를 나가야 할지를 선택해야 한다면 성가대 찬양이 은혜로운 교회를 선택할 것 같다고 말씀하신 적이 있다.

여러 가지 이유 중에서 성경적이지도 않을뿐더러 가장 좋지 않은 이유는 자신이 하는 일에 도움을 받으려는 것이다. 이들은 비즈니스 마인드를 갖고 교회에 출석하고 신앙생활을 한다. 이 경우 지역의 작은 교회는 거의 관련이 없다. 대부분 큰 교회거나 초대형 교회와 관련이 있다. 큰 교회에 출석함으로써 많은 교인을 알게 되고 그것이 자신이 하는 일에 도움이 된다고 판단하는 것이다.

한 예로 시장에 가서 장사하는 분들에게 전도해 보라. 시장에서 교회에 나가는 사람들 대부분은 시장 부근의 큰 교회에 출석한다. 그들은 큰 교회에 나가면 시장에서 장사하는 데 도움이 된다고 말한다. 교인들은 시장에 가서 이왕이면 같은 교회를 다니는 분이 장사하는 곳에 가서 사게 된다. 누이 좋고 매부 좋다는 것이 이런 경우에 딱 들어맞는 얘기 아닌가. 큰 교회 출석을 비난하는 것이 아니다. 단지 비즈니스 마인드로 교회에 출석하는 것은 기독교 신앙의 정상적인 궤도에 있지 않다는 사실을 지적하는 것이다. 사실 요즘은 같은 교회 다니는 교인이 하는 가게라고 해서 무조건 가지 않는다. 물건을 살 때는 품질과 가격 등 종합적으로 판단해서 가장 싸고 좋은 것을 사려고 하기 때문이다. 그러므로 이런 경우 기대만큼 교인들이 팔아주지 않으면 마음이 상한다. 시험에 든다는 말이다. 교회에 나온 동기가 비즈니스를 위한 것이기 때문에 만족스럽지 않으면 교회를 그만둘 가능성도 그만큼 크다.

교회를 운영하는 방식에서 담임 목사를 비롯한 중직자들이 가진 비즈니스 마인드도 한국교회가 가진 문제다. MBC 〈PD 수첩〉은 서울의 M 교회가 서울에서 제주까지 56개 부동산이 있으며, 그 규모가 24만 평방미터(7만 2,600평)이고 공시 가격이 1,600억 원에 이른다고 보도한 적이 있다. 교회가 어떤 수익을 창출하는 사업에 손을 대는 것은 상상할 수 없는 일이다. 교회가 성도들이 드린 헌금으로 부동산을 매입하고 교회 재산을 증식해 가는 것은 경악을 금치 못할 일이다.

이른바 '예수님의 성전 청결 사건'을 상기해 보라. 먼 지방에서 온 사람들은 예루살렘 성전에서 제사 드릴 때 쓸 동물을 끌고 오지 못했다. 성전에 헌금으로 드릴 수 있는 화폐를 지참하지 못하는 경우도 많았다. 그래서 성전에서는 희생 제물로 사용할 소나 양 그리고 비둘기를 터무니없이 비싼 값에 팔고 있었다. 또한 헌금으로 드릴 화폐를 아주 비싼 환율로 바꿔주고 있었다. 예수님이 보실 때 그들이 하는 짓은 강도나 다름없었다. 예수님은 거룩한 분노를 발하셨다. 노끈으로 채찍을 만들어 양이나 소를 다 성전에서 내쫓으셨다. 돈 바꾸는 사람들의 돈을 쏟으시고 상을 엎어 버리셨다. 그 후에 예수님은 이사야 56:7과 예레미야 7:11을 인용하시면서 말씀하셨다. "내 집은 기도하는 집이라 일컬음을 받으리라 하였거늘 너희는 강도의 소굴로 만드는도다"(마 21:13).

"기독교가 한국에 와서 대기업이 되었다"는 김재환 감독의 말은 나에게 쇠꼬챙이가 뼛속을 파고드는 것 같은 고통을 느끼게 한다. 많은 목회자와 성도들이 비슷한 고통과 참담함을 느꼈을 것이다. 이런 통렬한 비판을 들을 정도로 한국교회는 탐욕의 화신이 되었고, 부정부패에 절어서 무감각하게 되었다.

예루살렘 성전이 강도의 소굴이 되었다고 하신 예수님께서 한국교회를 향해서는 무슨 말씀을 하실까. 이런 한국교회의 신앙은 성경적이고 정상적이라고 할 수 있을까. 절대 그렇지 않다. 성경에 바탕을 둔 믿음의 정상 궤도를 벗어났다. 한국교회가 힘을 잃은 이유다. 기쁨과 능력을 잃었다. 선한 영향력을 다 잃어버렸다.

한국교회가 가진 또 하나의 병폐는 어떻게 해서라도 큰 교회 건물을 건축하려고 하고, 많은 사람을 모으려고 시도한다는 것이다. 목회의 성공 기준이 큰 교회 건물을 갖는 것과 많은 사람이 모이는 것이 되었다. 전혀 성경적이지 않다. 세상의 성공 기준이 교회 안으로 스며들어 생긴 기준이다. 많은 교회가 교회 건물을 건축하려고 노력한다. 가능하면 조금이라도 더 크게 지으려고 한다. 당연히 예배와 성도들의 양육을 위해서, 성도들의 편의를 위해서 유용한 건물을 갖는 것이 무엇이 문제가 되겠는가. 문제는 온 교회가 재정적인 부담, 더 나아가서 굉장한 위험 부담을 안고 무리하게 교회 건물을 건축하려는데 있다. 결국은 재정적인 압박을 견디지 못하고 교인들이 떠나가거나, 목회자가 경제 사범으로 입건되거나, 결국은 건물을 헐값에 매각해야 하는 일까지 발생한다. 교회가 건물이 아니라는 것은 너무나 잘 아는 사실 아닌가. 건물을 지어놓고 자랑하려고 하는 마음이 아니라면 교회 건물을 필요 이상으로 크게 무리해서 지으려는 시도는 그만두어야 한다. 하나님은 크고 화려한 건물에 속으셔서 한국교회의 부흥을 칭찬하실

분이 아니다. 하나님은 교회의 외양을 보시지 않고 내면을 보신다.

많은 사람을 모으려고 하는 사람들은 흔히 "양(量) 속에 질(質)이 있다."고 주장한다. 많은 사람이 모이면 그중에 좋은 믿음을 가진 사람, 훌륭한 신앙의 사람이 나온다는 주장이다. 틀린 말은 아니다. 내가 지적하고자 하는 것은 성경적인 방법이 아니라 인위적이고 세상적인 방식으로 사람들을 끌어모으려는 온갖 시도들이다. 적지 않은 교회가 유명 연예인이나 사회적 명사(名士)를 초청해서 집회를 연다. 이런 사실을 교회 주변에 대대적으로 광고한다. 사람이 구름처럼 몰려든다. 그러나 그들이 복음에 관심이 있어서 오는 것일까. 유명인을 보려고 온다. 초청받아온 유명 인사들이 올바른 복음을 제시한다면 그나마 다행이다. 대개는 자기의 신변잡기나 흥미를 끌만 한 얘기만 하다가 간다.

교회에 많은 사람이 모여서 하나님께 예배드리는 모습을 보기 원하면 나가서 전도해야 한다. 이것이 하나님의 방법이다. "하나님의 지혜에 있어서는 이 세상이 자기 지혜로 하나님을 알지 못하므로 하나님께서 전도의 미련한 것으로 믿는 자들을 구원하시기를 기뻐하였도다"(고전 1:21). 유명인을 초청한 행사 한 번으로 사람을 구원하고 하나님께서 일으키시는 진정한 부흥을 기대하기는 어렵다.

이런 한국교회가 가진 탐욕과 실상은 고스란히 기독교가 배척당하는 현실로 나타난다. 따라서 작은 교회는 전도해도 열매를 거두기가 어렵다. 교회 안에서도 어둠의 세력이 득세함으로 교회를 끊임없이 분열과 분쟁의 소용돌이 속으로 몰고 간다. 안타깝기 그지없는 일이다. 어떻게 하면 이런 현상을 차단할 수 있을까?

7. 친목단체 같은 교회

많은 친목 단체가 있다. 향우회, 동호회 같은 모임이 대표적이다. 친목단체는 회원 상호 간에 친목 도모하는 것을 목적으로 한다. 향우회는 타향살이 하는 같은 고향을 가진 사람들끼리 만나서 즐거운 시간을 보낸다. 타향살이 고충을 서로 나누며 서로 위로를 주고받는다. 동호회는 같은 취미를 가진 사람들이 모인다. 회원들이 같이 모여서 친목을 도모할 뿐만 아니라 같이 활동하면서 정보를 교환한다. 회원 상호 간 서로 도와주고 성장을 도모한다.

교회는 어떤가? 교회도 친목단체와 비슷한 곳인가? 교인들이 모여서 친목을 도모하는 것이 유일한 목적인가? 교회 안에서 성도 상호 간의 교제는 중요하지만 친목 도모가 유일한 목적은 아니다. 교회 안에서 성도의 교제는 단순한 친교 이상이다. 교회는 예수 그리스도의 몸이기 때문이다. 성도 개개인은 예수 그리스도의 몸을 이루는 지체의 각 부분이다. 그래서 서로 돕고 섬긴다. 개인에 따라 좋아하는 사람도 있고 싫은 사람도 있다. 그러나 교회 안에서는 모두가 하나님의 자녀라는 사실을 기억하며 하나님의 사랑으로 사랑한다. 적어도 사랑하려고 노력한다. 그것이 진정한 교회 모습이다.

무엇보다도 예수 그리스도의 뜻을 이루기 위해서 서로 협력한다. 연약한 지체를 끌어안고 같이 간다. 우리 몸의 작은 부분이라도 소중한 것처럼 머리이신 예수 그리스도에게 연결되어 있는 지체이기에 모두다 소중하다고 생각한다. "너희가 짐을 서로 지라 그리하여 그리스도의 법을 성취하라"(갈 6:2)는 말씀처럼 서로서로 돕는다.

그러므로 만일 교회를 친목단체처럼 생각하면 많은 문제가 발생한다. 교회는 단순한 친목단체가 아니기 때문이다. 교회에 나오는 이유가 다른 친목단체처럼 다른 사람과 사귐을 가질 목적이라면 궤도를 벗어나도 한참 벗어난 것이다. 만일 교회에 이런 마음으로 오는 사람이 가득 찬다면 그 교회는 오래가지 못한다. 금방 공중분해 될 것이다. 그러면 교회에서 가장 중요한 것은 무엇인가? 하나님께 예배드리는 것이다. 교회를 친목단체처럼 생각하는 사람들은 하나님께 드리는 예배를 귀찮아하고 지루하게 여긴다. 빨리 예배를 끝내고 이런저런 다른 활동을 하고 싶어 한다. 그러나 교회에서 예배드리는 일을 성공적으로 하지 못하면 교회는 점점 쇠락한다. 예배를 성공적으로 드리지 못하는 사람의 신앙도 점점 퇴보하고 만다.

성도는 예배드리는 일을 성공적으로 하고 있는지를 항상 살펴보아야 한다. 어느 순간에 예배보다 다른 어떤 것이 마음을 차지하고 있을지 모르기 때문이다. 사탄은 성도가 예배에 집중하지 못하도록 마음속에 이런저런 생각들을 집어넣는다. 그리고 그렇게 시간이 흘러가면, 그의 심령에 흐르는 하나님의 은혜는 말라붙고 말 것이다. 하나님께서 기쁘게 받으실만한 예배를 드리는 것을 대체할 만한 것이 없다. 심지어 성경공부도 아니다. 만일 어떤 교회 안에 학생회나 청년회 같은 부서에서 예배 없이 성경만 공부한다면 그 부서는 결코 부흥하지 못한다. 하나님께서 영광을 받으시는 부서가 되지 않기 때문이다. 하나님은 성도가 모여서 예배드리는 곳에 임하신다. 그 예배를 기쁘게 받으신다. 예배가 없으면 활동들이 무엇이건 하나님에게는 아무런 의미가 없다.

성도는 교회에 오면 다른 무엇보다 예배드리기를 힘써야 한다. 다른 활동이 아무리 많고 바쁘더라도 예배 안 드리는 일이 없도록 해야 한다. 교회 전체적으로도 예배를 가장 중히 여기고 예배를 준비하는 일에 최선의 노력을 다해야 한다. 기억하라. 교회에서 예배보다 더 중요한 것은 없다.

교회에서 성도는 하나님 백성으로서 훈련을 받는다. 사역자를 통해서 말씀을 듣고 배우며 또한 제자훈련 같은 프로그램에 참여함으로써 훈련을 받을 수 있다. 아주 중요한 것이 있다. 그것은 성도들이 서로를 통해서 훈련받는다는 사실이다.

한 지역 교회를 구성하는 성도는 실로 다양하다. 얼굴 생김새가 다르듯 한 사람 한 사람의 기질, 성격, 특기 혹은 장점, 약점, 취미, 사고방식, 가치관, 세계관, 등 모든 것이 다르다. 그들이 교회 안에서 예배 드리고 하나님 나라의 거룩한 일을 하다 보면 서로 부딪힐 수밖에 없다. 이럴 때 어떤 성도는 상처를 입고 교회에 낙심하고 실망한다. 교회를 떠나가는 경우도 많다. 그러나 교회는 하나님이 통치하신다. 교회 안에 이런저런 부류의 사람들을 함께 두신 하나님의 섭리가 있다는 말이다. 하나님은 서로 위로와 힘이 되기를 원하신다. 서로에게 상처를 입는 경우도 그것으로 성도 한 사람 한 사람을 다듬어 가신다.

강 하류의 돌들은 반질반질하다. 상류에서 떠내려오면서 다른 돌과 이리저리 부딪히면서 울퉁불퉁하거나 모난 부분이 깎이기 때문이다. 이처럼 같은 교회 안에 성도들은 서로 연단을 받기도 한다. 하나님께서 이런 과정을 통해서 성도들이 그리스도를 닮아가게 한다. 그러므로 교회는 세상적인 의미의 친목단체는 아니더라도 그리스도께서 머리가 되시는 한 몸이고 한 주님을 섬기는 믿음의 공동체다.

8. 보여주기식의 사회봉사

내가 같은 노회에 속한 최삼영 목사(가명)에게서 들은 얘기다. 어느 날 성도 한 분이 담임 목사를 찾아왔다. 그 성도는 최일도 목사의 책을 읽고 큰 감명을 받고 교회가 이런 일을 해야 한다고 강한 확신을 품게 되었다. 그는 담임 목사에게 "우리 교회는 왜 최일도 목사 교회처럼 사역을 하지 않습니까?" 하고 질문했다고 한다.

최일도 목사의 '밥퍼'사역은 1988년 11월 11일 청량리역에 쓰러져 있는 한 노인에게 라면을 대접하면서 시작했다. 그는 다일공동체를 세우고 은퇴할 때까지 이 사역을 했다. 최 목사는 30여 년 가까이 평균 1,000명에게 식사를 제공하는 사역을 했다. 교계에서는 그의 사역을 비판하는 목소리가 있는 것도 사실이지만 어쨌든 최일도 목사는 그렇게 밥퍼사역을 감당했다.

그러면 모든 교회가 다 그런 사역을 해야 하는가? 교회는 오직 가난한 자들을 구제하고 사회 봉사하는 사역을 주로 하는 공동체인가? 최일도 목사의 밥퍼사역은 나름대로 의미 있고 귀한 사역이었다고 생각한다. 그러나 모든 교회가 똑같이 그렇게 해야 한다고는 생각하지 않는다. 구제와 봉사는 교회가 해야 할 여러 가지 사역 가운데 하나일 뿐이다. 그런 사역에 부르심이 있다면 해야 한다. 그러나 단순히 다른 교회가 하니까 따라 하는 것은 바람직하지 않다. 하나님께서 그런 사역을 하도록 부르신 사역자가 있고 교회가 있는 것이다.

중요한 점은 사역자나 교회가 어떤 사역을 하든지 그것을 통해서 이루려고 하는 목적이다. 예를 들어 어느 교회가 위에서 말한 밥퍼사역을 한다고 하자. 그것을 통해서 복음을 전하고 하나님의 사랑을 전하는 데에 목적이 있다면 얼마나 훌륭한 사역인가? 다른 의도나 목적을 갖는다면 하나님의 눈에 아무런 의미가 없을 것이다.

나는 하나님께 예배드리는 것 다음으로 교회가 힘써서 해야 할 사역은 세상에 구원의 복음을 전하는 것이라고 생각한다. 예수 그리스도의 십자가와 부활을 전해서 사람들이 예수를 믿고 구원을 받게 하고, 하나님의 자녀가 되게 하는 사역이다. 이것은 아주 중요하고 우선적인 사역이다. 구원받은 하나님의 자녀들이 예배하는 모습을 하나님께서 얼마나 기뻐하실까? 상상하는 것만으로도 가슴 벅차다.

또한 교회는 어머니가 자녀를 양육하듯이 성도들을 영적으로 양육한다. 성도들이 그리스도를 주로 섬기는 믿음 위에 설 수 있도록 돕는다. 이 세상에서 자신의 사명을 발견하고 그렇게 살아가도록 격려하고 돕는다. 이렇게 성숙하게 성장한 성도들이 비로소 구제와 봉사를 감당할 수 있다. 자기 영광을 위해서, 자기 이름을 내기 위해서가 아니라 하나님의 마음으로 사람들에게 다가갈 수 있다. 하나님의 사랑으로 사람들을 섬김으로써 하나님의 사랑을 보여줄 수 있다.

교회를 오직 봉사하는 단체로 생각한다면 교회의 정체성과 사명을 오해하는 것이다. 교회는 단순한 봉사 공동체가 아니라 예수 그리스도와 연합을 이루는 생명 공동체다. 교회는 죄로 인해 죽어가는 세상에 구원의 길을 보여주어야 한다.

2장
_____

감사가 무엇인가?

감사가 무엇인가?

1장에서 언급한 정상 궤도를 벗어난 신앙의 양태는 성도 개개인의 신앙 성장을 훼방한다. 교회를 약하게 만들고 병들게 한다. 교회 안에 이런 비성경적 신앙이 만연하면, 성도들은 기독교 신앙을 통해서 경험할 하나님의 은혜와 능력 그리고 하나님의 기적을 절대로 경험하지 못한다. 빨리 이런 비정상적인 신앙을 청산하고 성경적이고 하나님이 기뻐하시는 신앙을 회복해야 한다.

어떻게 그것이 가능한가? 감사의 신앙을 회복하는 것이다. 감사하는 신앙은 순간순간 하나님의 임재를 체험할 수 있는 신앙이다. 감사는 신앙의 꽃이고 열매이기 때문이다. 골로새서 2장 6-7절 말씀을 보라. "그러므로 너희가 그리스도 예수를 주로 받았으니 그 안에서 행하되 그 안에 뿌리를 박으며 세움을 받아 교훈을 받은 대로 믿음에 굳게 서서 감사함을 넘치게 하라."

한 사람이 예수를 주로 받는다. 예수를 자기 인생의 주인으로 삼은 것이다. 그때부터 이 사람은 자신의 주인이신 예수의 뜻에 순종하는 사람이 된다. 즉 예수 안에서 행하는 사람이 되는 것이다. 나무 한 그루를 땅에 심으면 그 자리에 뿌리를 내리고 살 듯 이 사람은 예수에게 뿌리를 내린다. 더는 다른 곳으로 옮겨가지 않는다. 믿음의 삶이 점차 자라간다. 말씀을 듣고 배우며 믿음이 굳건해진다. 마침내 이 사람의 삶은 감사가 넘치는 삶이 된다. 그래서 감사는 신앙의 열매라고 말할 수 있다. 감사하는 신앙은 가장 높은 수준의 신앙인 것이다.

그러면 감사는 도대체 무엇일까? 감사가 무엇이냐는 질문에 대답하지 못할 사람은 없다. 누구든지 이런저런 대답을 할 수 있고 크게 틀리지 않을 것이다. 민중서관이 펴낸 《새로 나온 국어대사전》에는 감사를 "① 고마움 ② 고맙다고 생각하는 느낌, 고맙게 여김"으로 정의하였다. 기독교가 말하는 감사는 단순히 고마움의 느낌을 갖거나 고맙게 여기는 정도가 아니라 훨씬 깊은 의미가 있다. 상호 간에 주고받는 인사말 정도의 수준이 아니라 그 이상이다.

우선 성경에서 감사의 원어적인 의미를 생각해 보자. 한국컴퓨터선교회 인터넷 사이트 사전에서 '감사'를 검색하면 간결하면서 좋은 설명이 나온다.

"타인에 의해 자기에게 보여진 호의(好意)에 대한 승인(承認)의 정(情)이다. 성경에서는 하나님께 대해 백성들이 가지는 태도로 나타난다. 구약성경의 감사는 히브리어 '야다(yada)'로 '고백하다'라는 뜻이다. 이 단어가 '찬양하다, 감사하다'의 의미로 쓰일 때 목적어는 하나님이다(창 29:35, 스 3:11, 시 33:2, 사 12:4). 그러므로 기독교에서는 특히 하나님의 은혜에 대해 응답하는 사람의 물심(物心)의 표현을 말한다. 따라서 예배에 있어서 중요한 역할을 하는 것이 감사로서, 성전에 들어갈 때 감사를 드리고(시 95:2), 노래로서(시 95:2), 또는 희생제물을 드리는 일로서 감사한 마음을 표시하였다(시 54:6).

신약의 감사는 헬라어로 '유카리스티아(eucharistia)'인데 이 단어는 두 번(눅 17:16, 롬 16:4)을 제외하고는 모두 하나님에 대해 사용되었다. 복음서에서는 "예수께서 친히 아버지 하나님께 감사하셨다"(마 11:25, 요 11:41). 즉 유카리스티아는 하나님께 드리는 감사를 뜻한다.

당신은 기독교 신앙 안에서 감사를 무엇이라고 정의하겠는가? 감사가 갖는 의미의 다양한 측면과 감사가 불러오는 놀라운 결과를 짧은 시간에 다 말하기는 쉽지 않다. 기독교인이라도 감사가 갖는 깊은 의미를 잘 모르는 경우가 많다. 온전한 감사를 하지 못하는 이유다. 어쩌면 안 하는 것일 수도 있다.

누구나 감사의 사전적인 의미는 당연히 알 수 있다. 하지만 그것을 넘어서는 감사가 갖는 더 깊은 의미를 알고 이해한 후 하나님께 감사 드리면 얼마나 좋을까? 만일 그렇게 감사한다면 자신과 둘러싸고 있는 모든 사람과 환경에 기적적인 변화를 불러온다. 교회에 감사가 충만하면 교회 안에서 놀라운 하나님의 역사를 보게 된다.

1. 감사는 하나님 귀에 음악 소리다

누구나 좋아하는 음악이 있다. 나는 386 세대다. 그래서 그런지 7080 노래가 듣기 좋다. 그 노래들을 들으면 눈을 지그시 감고 따라 부르기도 하고 고개를 끄덕이며 박자를 맞춘다. 찬양을 듣는 것은 더욱 좋다. 5년 전부터는 포항에서 길거리 찬양을 하는 임선주 집사 찬양을 유튜브 영상을 통해서 자주 듣는다. 반면에 누구에게나 시끄럽고 스트레스를 주는 음악도 있다. 나는 그런 음악은 절대로 듣지 않는다. 채널을 돌리거나 꺼버린다. 누구나 자신이 듣고 싶지 않은 음악은 듣지 않는다.

하나님께도 듣기 좋은 아름다운 음악 같은 소리가 있다고 생각한다. 하나님의 자녀들이 올려 드리는 감사가 바로 그것이다. 감사를 드릴 때 하나님은 우리를 향하여 웃으시며 기뻐하신다. 우리가 감사의 찬양을 올려 드릴 때, 하나님께서도 눈을 감고 들으시면서 즐거이 박자를 타고 기뻐하실 것이다. 그러나 원망과 불평은 하나님에게는 오래되고 낡은 녹음기에서 나는 찍찍거리는 잡음 섞인 시끄러운 소리가 된다. 하나님께서는 귀를 막고 듣기 싫어하실 것이다.

감사는 왜 하나님의 귀에 즐거운 음악 같은 것일까? 한번 생각해 보자. 하나님은 사랑이 많으시고 은혜가 넘치시는 분이다. 자녀들에게 언제나 사랑과 은혜를 베푸신다. 예수님께서 제자들에게 원수까지도 사랑하라고 가르치셨는데, 그렇게 할 때 비로소 하나님의 아들답게 된다고 하셨다. 예수님은 "하나님이 그 해를 악인과 선인에게 비추시며 비를 의로운 자와 불의한 자에게" 내려주신다고 말씀하셨다(마 5:45). 하나님은 "만민에게 생명과 호흡과 만물을 친히 주시는"(행 17:25) 분이시다. 특별히 자기 백성에게 베풀어 주시는 은혜와 사랑은 한이 없으시다.

은혜와 사랑이 한량없으신 하나님께서 자녀들에게 요구하는 것은 딱 한 가지다. 바로 감사다. 하나님을 모르는 사람들은 하나님께 감사할 줄 모른다. 그들도 막연하게 자신들의 삶에 감사할 수는 있다. 그러나 천지 만물의 창조주며 만물을 돌보시는 하나님께 감사할 줄은 모른다. 그래서 하나님은 자신의 자녀들에게 감사를 요구하신다. 시편 기자는 "여호와께 감사하라 그는 선하시며 그 인자하심이 영원함이로다"(시 107:1)라고 했다. 하나님께서 친히 이스라엘 백성에게 감사의 제사를 요구하셨다. 바로 화목제다.

그러므로 우리가 하나님께 드리는 감사가 하나님에게 어떤 의미가 있음이 분명하다. 그 의미가 무엇일까? 시편 50편 23절이 답이다. "감사로 제사를 드리는 자가 나를 영화롭게 하나니 그의 행위를 옳게 하는 자에게 내가 하나님의 구원을 보이리라." 하나님은 영광 받으시기를 기뻐하신다. 다른 것은 다 주시더라도 당신의 영광은 절대로 양보하지 않겠다고 하셨다. "나는 여호와이니 이는 내 이름이라 나는 내 영광을 다른 자에게, 내 찬송을 우상에게 주지 아니하리라"(사 42:8).

다니엘서 4장에 있는 바벨론 느부갓네살 왕의 이야기를 들어 보았을 것이다. 어느 날 그가 왕궁 지붕을 거닐고 있었다. 자신이 다스리는 나라의 광대함과 영광스러움을 보았다. 그때 느부갓네살 왕 마음속에 한 생각이 들어왔다. "이 큰 바벨론은 내가 능력과 권세로 건설하여 나의 도성으로 삼고 이것으로 내 위엄의 영광을 나타낸 것이 아니냐"(단 4:30). 그 순간 하늘에서 소리가 들렸다. "느부갓네살 왕아 네게 말하노니 나라의 왕위가 네게서 떠났느니라"(단 4:31). 이후 그는 쫓겨나서 칠 년 동안 들짐승과 함께 살았다. 소처럼 풀을 먹었다.

하나님께서 정한 기한이 찼을 때 느부갓네살에게 총명이 다시 돌아왔다. 느부갓네살 왕은 이렇게 고백했다. "내가 지극히 높으신 이에게 감사하며 영생하시는 이를 찬양하고 경배하였나니 그 권세는 영원한 권세요 그 나라는 대대에 이르리로다"(단 4:34). 왕은 자신이 교만했음을 깨달았다. 교만하게 행하는 자를 그[하나님]가 능히 낮추신다는 사실(단 4:37)과 모든 권세가 하나님께 있음을 절실히 깨닫고 경험했다. 왕은 자신의 왕위를 되돌려 주신 하나님께 감사를 드렸다. 바로 하나님께서 바라던 바였다. 하나님께서 영광을 되돌려 받으셨다.

누가복음 17장에 10명의 나병환자 이야기가 있다. 예수님께서 예루살렘으로 가실 때에 한 마을에 들어가셨다. 그 마을에 10명의 나병환자가 있었다. 그들이 예수님을 보고 소리 높여 기도했다. "예수 선생님이여 우리를 불쌍히 여기소서"(눅 17:13). 예수님께서 그들을 보시고 "가서 제사장들에게 너희 몸을 보이라"고 말씀해 주셨다. 그들은 예수님 말씀을 듣고 제사장에게로 가고 있었다. 그때 기적이 일어났다. 그들 모두 몸이 깨끗하게 된 것이다. 그때 그들이 당연히 취할 행동은 누구나 쉽게 추측할 수 있다.

나병환자들은 당연히 예수님에게로 돌아가서 감사를 드렸어야 했다. 그러나 그들 중 9명은 자기 갈 길로 가버렸다. 오직 한 사람만 예수님께로 돌아왔다. 누가는 이렇게 적었다. "그중의 한 사람이 자기가 나은 것을 보고 큰 소리로 하나님께 영광을 돌리며 돌아와 예수의 발 아래에 엎드리어 감사하니 그는 사마리아 사람이라"(눅 17:15, 16). 옛날이나 지금이나 감사를 모르는 사람은 있다. 사람이 당연히 할 도리를 모르는 사람은 언제나 있다. 예수님께 돌아온 한 사람 외에 나머지 아홉 명은 감사를 모르는 사람들이었다.

예수님의 반응이 의미가 있다. 예수님은 이렇게 말씀하셨다. "열 사람이 다 깨끗함을 받지 아니하였느냐 그 아홉은 어디 있느냐 이 이방인 외에는 하나님께 영광을 돌리러 돌아온 자가 없느냐"(눅 17:17, 18). 예수님께 돌아온 사람은 감사를 드리러 온 것이다. 그는 예수님 발아래에 엎드려서 감사를 드렸다. 예수님께선 이 사람의 감사를 "하나님께 영광을 돌리러 돌아온" 것이라고 말씀하셨다. 이 말씀에서 분명하게 드러나는 것은 하나님께 드리는 감사는 하나님께 영광이 된다는 사실이다.

하나님은 스스로 당신의 영광을 위해서 일하신다. 하나님께서 하시는 모든 일이 언제나 그리고 최종적으로 하나님께 영광이 된다. 사람이 가진 제한된 지성과 상식 그리고 경험으로 납득하지 못하는 일들조차 하나님을 영화롭게 한다. 사람이 인식하든, 인식하지 못하든 하나님의 영광은 영원하다. "곧 우리 구주 홀로 하나이신 하나님께 우리 주 예수 그리스도로 말미암아 영광과 위엄과 권력과 권세가 영원 전부터 이제와 영원토록 있을지어다 아멘"(유 1:24). 하나님의 영광은 영원토록 변함이 없다. 하나님은 그 영광 가운데 거하신다.

감사는 하나님께서 살아 계신다는 사실과 하나님께서 신실하신 분이라는 사실을 향한 믿음의 고백이다. 그래서 하나님의 영광을 드러낸다. 하나님의 영광을 빛나게 하고 온 우주를 그 영광으로 충만하게 한다. 감사는 하나님을 영광스럽게 하는 찬양이다. 감사가 하나님께 올라갈 때 하나님의 보좌는 영광으로 빛이 나고, 온 우주 만물이 하나님을 찬양하고 춤을 춘다. 감사만큼 하나님을 영화롭게 하는 것이 없다. 감사만큼 하나님을 온전히 기쁘게 해드리는 것이 없다. 그래서 감사는 하나님이 자기 백성에게서 가장 듣고 싶어 하는 음악과 같은 것이다. 감사하는 사람에게 하나님의 시선이 내려온다. 감사하는 사람에게 하나님의 관심이 집중된다.

2. 감사는 인생을 역전한다

감사는 하나님을 영화롭게 한다. 하나님 귀에 아름다운 음악과 같다. 감사하는 본인에게도 의미가 있고 중요하다. 하나님께서 감사하는 사람의 인생을 역전시키시기 때문이다. 감사는 고난을 축복으로 바꿔 놓는다. 실패를 다시 성공으로 이끈다. 좌절 가운데에서 다시 꿈을 꾸게 하고 소망을 갖게 한다. 아픔을 통해서 성숙하게 된다. 연약하고 무기력한 삶을 강하고 열매 맺는 삶으로 바꾼다.

그런데도 모든 사람이 다 감사하지 않는다. 오직 하나님을 믿는 사람들만 감사할 수 있기 때문이다. 하나님을 믿는다는 것은 매 주일 교회에 출석한다는 뜻이 아니다. 막연히 우주 어딘가에 신이 존재한다고 믿는 것을 의미하지도 않는다. 이 세상을 존재하게 한 제일 원인으로서 생각하는 철학적인 하나님을 인정하는 것도 아니다.

하나님을 믿는다는 것은 무엇인가? 히브리서 11장 6절이 그 답을 말해준다. "믿음이 없이는 하나님을 기쁘시게 하지 못하나니 하나님께 나아가는 자는 반드시 그가 계신 것과 또한 그가 자기를 찾는 자들에게 상주시는 이심을 믿어야 할지니라."

첫째는 하나님이 계시다는 믿음이다. 하나님은 이 우주 어디에나 계신다. 우주 어디에나 하나님은 충만하게 계신다. 한 부분으로 계시는 것이 아니다. 하나님은 어느 공간, 어느 장소에나 온전한 하나님으로서 거하신다. 시편 139:7-10이 그 사실을 말해준다. "내가 주의 영을 떠나 어디로 가며 주의 앞에서, 어디로 피하리이까 내가 하늘에 올라갈지라도 거기 계시며 스올에 내 자리를 펼지라도 거기 계시나이다 내가 새벽 날개를 치며 바다 끝에 가서 거주할지라도 거기서도 주의 손이 나를 인도하시며 주의 오른손이 나를 붙드시리이다."

시편 기자의 고백대로 하나님을 피하여 숨을 수 없다. 이 세상 어디를 가든지 하나님이 계시기 때문이다. 깊은 산 중에 들어가도, 바닷속 깊은 곳까지 가도, 사막 한가운데에 가도 그 어디를 가도 하나님은 계시다. 한국에 있어도, 해외에 나가도 하나님을 피하지 못한다. 교회에 있어도, 집에 머물더라도, 그 어디에 있더라도 하나님의 인도를 받을 수 있다. 하나님은 그냥 존재하는 것이 아니라 살아 계시다. 우주에서 일어나는 모든 일을 보고 계시고 알고 계시다. 이렇게 살아계신 하나님을 믿는 것이 성경적인 믿음이다.

하나님은 살아 계실 뿐만 아니라 항상 일하신다. 하나님은 졸지도 않으시고 주무시지도 않으신다. 태초부터 지금까지 계속 일하고 계신다. 하나님의 뜻을 이루시기 위해, 자신의 영광을 나타내시기 위해 일하신다. 하나님 자신이 창조하신 만물을 통치하시고 섭리하시고 보존하신다. 특별히 하나님은 구원의 역사를 계속해서 이루어가고 계신다. 예수 그리스도를 통해서 성취하신 구원 사역으로 택하신 모든 백성이 구원을 얻기까지 그리고 만물이 썩어짐에서 해방될 때까지 일하고 계신다.

하나님에 대한 성경적 믿음은 삼위일체 하나님에 대한 믿음이다. 삼위일체 하나님을 믿는 것이 무엇보다 중요하다. 하나님을 성부·성자·성령, 이렇게 삼위(三位)가 일체(一體)이신 하나님으로 믿는 믿음이 아니면 참믿음이 아니며, 절대로 하나님을 기쁘시게 하는 믿음이 될 수 없다. 삼위는 동일하고 영광과 존귀와 권세도 동일하다. 이 삼위일체 하나님이 온 세상의 창조주시고, 역사의 주권자시며 왕이시다. 오직 삼위일체 하나님이 죄인을 구원하시는 하나님이다.

두 번째는 하나님은 자기를 찾는 자들에게 상 주시는 하나님이라는 믿음이다. 하나님은 하나님을 찾는 사람을 기뻐하시고 상을 주신다. 어느 때에 하나님을 찾아야 하는가? 어렵고 힘들 때 하나님을 찾아야 한다. 그러나 어렵고 힘들 때조차 하나님을 찾지 않고 고집을 부리는 경우가 있다. 유다의 아사 왕이 그랬다. 그는 왕이 된 지 39년에 발에

병이 들어 매우 위독했지만 여호와께 병 낫기를 구하지 않고 의원들에게 구했다(대하 16:12). 지금도 아사 왕과 같은 사람이 많다. 이런 사람들은 하나님의 상을 받을 수 없다.

평안할 때도 하나님을 찾아야 한다. 사람들은 건강하고 경제적으로 여유가 있고, 만사가 순풍에 돛 단 듯이 잘 풀릴 때는 하나님을 찾지 않는다. 사람은 교만하다. 기독교인도 교만에 빠지기 쉽다. 그래서 자기의 능력이나 노력으로 평안하고 성공을 누린다고 생각한다. 그러나 이런 때에도 하나님을 찾으면 하나님께서 기뻐하신다. 평안할 때 하나님을 찾는다는 것은 하나님을 찬양하고 감사드리는 일이다. 모든 것이 하나님의 은혜임을 고백하는 것이다. 모든 것이 하나님한테서 왔다고 믿는 그 믿음을 드러내는 것이다.

어려울 때나 평안할 때나 하나님을 찾고 감사드리는 것이 믿음의 꽃이다. 믿음의 정수며 열매다. 하나님을 향한 성경적인 믿음과 감사는 삶을 역전시킨다. 어느 누구의 인생이든지 과거가 있다. 현재의 삶이 있다. 그리고 아직 다가오지 않은 미래가 있다. 과거는 현재의 삶에 영향을 미치고, 현재의 삶은 미래에 어떻게든 영향을 미칠 것이다. 하나님을 믿고 감사하는 신앙은 과거와 현재 그리고 미래를 바라보는 시각이 달라야 한다. 그래야 삶을 역전할 수 있기 때문이다.

1) 감사는 과거를 축복으로 변화시킨다

방금 태어난 신생아가 아닌 이상 누구나 지나간 삶이 있다. 이른바 인생의 과거다. 대부분 사람에게 과거는 막강한 힘을 갖는다. 과거는 긍정적이든 부정적이든 현재의 삶에 무시하기 힘든 영향력을 행사한다. 대개는 어린 시절의 아픔, 상처, 고통 같은 것들이 성인이 된 후에도 영향을 미쳐 현재의 삶을 고통스럽게 한다. 버림받고 학대받은 상처가 마음을 닫아 버리게 하거나 별나고 괴팍스러운 성격을 만들어서 다른 사람과 원만한 관계를 만들어 가지 못하게 한다. 어쩌다 만든 좋은 관계마저 결국은 피차에 상처를 주고받으며 파국을 맞는 경우도 많다.

과거의 쓰라린 경험이나 마음에 깊게 꽂혀버린 부정적인 말은 인간관계뿐 아니라 일상생활에서도 보이지 않게 영향을 미쳐서 삶을 괴롭힌다. 나는 어린 시절에 아버지에게 들은 부정적인 말 한마디를 지금까지 기억한다. 아버지는 어린 나에게 "저 녀석은 잘하지도 못하면서 사람들이 잘한다고 하면 좋아해." 하고 말씀하셨다. 그 이후 나는 사람들이 하는 칭찬을 믿지 않게 되었다.

나는 목사가 된 후, 영어로 설교할 수 있는 목사가 되고 싶었다. 내 평생 만나는 전 세계 누구에게나 복음을 전하고 싶었기 때문이다. 한국으로 외국 사람들이 많이 들어 올 것을 예상했고, 내가 외국으로 나갈 기회도 많으리라 생각했다. 만일 내가 잘 준비되어 있다면 하나님께서 나를 쓰셔서 많은 사람에게 복음을 전하게 하실 것이고 듣는 자들을 구원하실 것이라는 확신이 있었다.

그래서 목사 안수를 받은 후, 이십 년 이상 틈틈이 영어를 꾸준히 공부하고 연습했다. 2003년에 3개월 동안 안식년 휴가를 얻어 싱가포르에 갔다. 학원에서 영국인 강사에게 영어를 배웠다. 그리고 EAST라는 신학교에서 청강생으로 공부를 했다.

싱가포르에서 돌아온 후, 다음 해에 횃불트리니티대학원대학교에 영어 과정으로 석사과정에 입학해서 공부했다. 힘들고 오래 걸렸지만 하나님의 은혜로 졸업을 했다. 싱가포르에 머무는 동안 마취과 의사인 닥터 마(Ma)를 만났다. 내가 싱가포르에서 돌아온 후 그는 몇 년 동안 나에게 매일 전화를 걸어서 영어로 대화를 나누었다. 거의 일 년 동안 이메일을 주고받았다. 하나님께서 사람을 붙여주시고 훈련하여 주셨다고 믿고 있다.

이제는 영어로 설교할 수 있고 강의도 할 수 있다. 매년 3~4회 해외에 나가서 전도 집회, 목회 세미나, 신학교 강의 등을 한다. 이런 나에게 주변에서 영어를 잘한다고 말한다. 그런데 나는 그런 말들이 믿어지지 않았다. 그냥 듣기 좋으라고 하는 말이겠지 하고 생각했다.

어렸을 때 들은 아버지 말 한마디 때문에, 내 마음속 깊은 곳에 '나는 뭐든지 잘하지 못하는 사람이야. 사람들이 그냥 해주는 말이야.' 같은 의식이 짙게 배 있기 때문일 것이다. 강단에서 설교하는 것은 괜찮은데 사람들 앞에 나가서 다른 것을 하면 어색하고 힘들다. 의견을 발표하기도 어렵고, 노래하기도 어렵고, 사회를 보기도 어렵다. 사람들 앞에 당당하게 나서는 것이 여전히 힘들다.

어떤 목사 사모는 어린 시절 비대칭 얼굴 때문에 친구들에게 놀림을 받았다. 친구들은 같이 놀아주지 않고 늘 따돌렸다. 같이 놀 수 있는 친구가 없었다. 성인이 되고 목사 사모가 되었지만 친구들의 놀림과 따돌림은 지워지지 않는 상처로 남았다. 상처는 사람과 관계를 맺을 때 상대방에게 집착하도록 만들었다. 언제든지 버림을 당할지 모른다는 불안감 때문에 자꾸 전화하고 메시지를 보냈다. 주위 사람들은 불편을 느끼기 시작하고 이 사모님의 전화나 연락을 피하게 되었다. 어린 시절 상처가 여전히 삶을 힘들게 한다.

이처럼 많은 사람이 어린 시절 부모에게, 가까운 친인척들에게, 교사에게, 선배와 친구들에게 차별을 당하거나, 부정적인 말을 듣거나, 심지어 폭력을 경험한다. 이런 과거는 고스란히 그 사람의 현재 모습에 투영되어 삶을 힘들고 고통스럽게 한다. 인간관계를 망가트린다.

기독교인은 과거에 묶여서 삶이 망가지면 안 된다. 과거가 주는 부정적 영향력을 털어 버려야 한다. 내 삶을 묶어 놓으려는 과거의 힘에서 해방되어야 한다. 과거가 내 삶을 휘젓도록 내버려 둘 수 없다. 어떻게 하면 과거에서 빠져나올 수 있을까?

첫째, 하나님을 믿는 믿음 위에 굳게 서는 것이다. 비록 어두운 과거지만 그때도 하나님께선 나를 알고 계셨고 내 인생을 붙들고 계셨다는 것을 믿어야 한다. 그리고 그때에도 나를 사랑하시며 나를 위한 계획이 있는 하나님의 주권과 섭리를 믿는 것이다. 힘들고 어려운 시간이었지만 그때는 알지 못한 하나님의 심오한 섭리가 나의 삶을 이끌었음을 믿음으로 받아들이는 것이다. 나의 과거를 통해서 내 삶에 하나님이 이루실 것들을 믿음의 눈으로 바라보는 것이다. 이런 믿음은 자연스럽게 나를 감사의 제단으로 이끈다.

둘째, 자신의 과거를 끌어안는 것이다. 자신의 과거가 어떤 과거이든지 믿음으로 감사하라. 미주(美州)에서 발행하는 〈기독일보〉에 한남대학교 김형태 총장이 쓴 [김형태 칼럼]에 다음과 같은 감동적인 이야기가 있다.

1981년 흑인 가운데 최장수자인 찰리 스미스가 130세로 플로리다 주 바토우에서 세상을 떠났다. 그가 보낸 130년의 세월은 고통의 전시장 같았다. 그는 노예로 태어나 갓난아이 때부터 고통과 학대 속에서 살았다. 그리고 미국의 남부와 서부를 헤매며 맞고 모욕을 당하며 굶주리기도 했다. 죽을 고비도 무려 20번 이상 넘겼다. 그런데 그렇게 130년간 모진 고생을 해온 스미스 씨는 임종하기 며칠 전 자신을 방문한 스티븐스 목사 앞에서 이렇게 기도했다. '하나님 아버지, 저를 흑인으로 태어나게 하셨음에 감사드립니다. 고통스러운 노동도 감사합니다. 하나님, 당신이 130년간 언제나 제 옆에 계셔 주셨음에 감사합니다.'

지우고 싶고 잘라내고 싶은 과거라도 그 과거를 지나 내가 여기에서 있는 것이다. 과거는 오늘의 나를 만들었다. 만사가 밝은 면이 있고 어두운 면이 있듯이 나빠 보이는 과거일지라도 반드시 밝은 면이 있다. 하나님은 과거의 부정적인 것도 오늘 선한 것으로 바꾸실 수 있다. 당신의 과거와 상관없이 당신을 사랑하시는 하나님을 신뢰하라. 그러므로 과거를 부인하고 싶고, 부끄럽고 고통스럽더라도 자신의 과거를 믿음으로 감사하라. 과거 속박의 굴레에서 해방될 것이다. 과거가 내 삶에서 선을 이룰 수 있게 한다.

2) 감사는 현재를 뚫고 나가는 힘이다

사람마다 다양한 삶의 자리에 놓여 있다. 처한 환경이나 상황이 좋은 사람이 있고, 삶을 포기하고 싶을 정도로 하루하루를 근근이 버텨내야 하는 사람도 있다. 기독교인도 예외는 아니다. 기독교인도 현실의 삶에서 짊어져야 하는 삶의 무게는 다른 이들과 다르지 않다. 이런 현실에서 사람들이 자신의 삶을 대하는 방식은 천차만별이다. 어떤 사람은 어려운 현실을 이겨내는 사람이 있다. 그들은 꿋꿋하게 주어진 삶을 감당해 나간다.《언제나 나는 꿈꾸는 청년이고 싶다》라는 책을 쓴 전(前) 건국대 교수 류태영 박사가 그 좋은 예다. 그는 자신의 어려웠던 어린 시절을 이렇게 간증한다.

유 박사는 전북 임실에서 머슴의 아들로 태어났다. 어린 시절부터 어머니가 언제나 그에게 당부한 말은 "전능하신 하나님을 의지하거라."는 것이다. 가난한 어머니는 아들의 손을 잡고 수시로 "전능하신 하나님, 우리 태영이를 도와주세요." 하고 기도하셨다. 그는 어머니 손에 이끌려 새벽 기도회에도 참석했다. 그는 언제부턴가 믿음이 생기기 시작했고 기도를 통해 하나님이 자신의 미래를 인도하시리라는 확신이 생겼다.

그는 단 한 평의 땅도 소유하지 못한 머슴의 아들로 태어나 집안에서 유일하게 초등학교에 입학했고, 초등학교 졸업 후 중학교를 갈 수 없어 [중학교 강해록]을 통해 독학하다가 중학교 3학년에 편입했다. 남들보다 늦은 나이인 열여덟 살에 비로소 중학교를 졸업했다. 그리고는 무작정 상경했다. 그리고 구두닦이, 신문팔이, 아이스케이크 행상 등을 하며 겨우 야간 고등학교를 졸업했다. 어느 때는 너무 배고파서 쓰레기통에서 곰팡이 핀 빵을 꺼내 먹기 일쑤였고 냉방에서 담요 한 장으로 겨울을 지내기도 했다. 유 박사는 말할 수 없는 고생을 겪으면서도 초등학교 5학년 때 믿기 시작한 하나님만 온전히 의지하면서 '나를 사랑하시는 하나님이 계신데 무엇이 두려우랴.'라는 단순한 믿음으로 그 어려움을 이겨냈다.

찌들어지게 가난했고 장래를 보장받을 수 없는 암담한 현실이었지만, 그는 구두닦이를 하면서도 유학의 꿈을 꾸었고, 이틀을 굶고서도 비관은커녕 견딜 힘을 주신 하나님께 감사했다. 꿈꾸는 청년 류태영에게 그 꿈이 현실로 다가왔다. 그는 맨주먹임에도 불구하고 농촌을 살리겠다는 꿈을 가지고 덴마크 유학을 위해서 매일 새벽기도를 13년 동안 했다. 기도할 때에 덴마크 유학을 가 있는 자신의 모습을 그리면서 기도했다. 그렇게 기도한 후에 덴마크 국왕 프레드릭 9세에게 유학 청원을 보냈는데 40일 만에 답장이 왔다. 유학을 허락한다는 것과 왕복 비행기 표까지 동봉해 왔다. 그렇게 유학이라는 말을 처음 접한 지 13년 만에 구두닦이 소년 류태영은 덴마크 국비 장학생으로 유학을 가게 된 것이다. 그는 공부를 마치고 새마을 운동의 주역으로 일했다. 그 후, 37살의 나이에 다시 이스라엘로 유학 가서 공부를 했다. 2012년에 정년퇴임을 한 류태영 박사는 건국대학교 농업교육학과 교수, 도산아카데미연구원 원장, 대산농촌문화재단 이사장, 한국-이스라엘 친선협회 상임부회장 등으로 활발한 사회활동을 했다. 우리나라와 세계 각국에 다니며 자신의 경험을 바탕으로 강연을 해서 많은 사람에게 도전과 희망을 안겨주었다.

　류태영 박사는 어렵고 불우한 현실을 믿음으로 극복하고 승리한 믿음의 사람이다. 그러나 어떤 사람들은 어려운 현실의 벽에 부딪혀 삶이 무너지고 만다. 반대로 좋은 환경과 상황에 놓여 있는 사람들이 불평하는 경우도 있고, 오만하게 삶을 대하는 경우도 있다. 과거가 현재의 나의 모습을 있게 했듯이, 현재의 삶도 미래의 나를 빚는다. 따라서 현재의 순간순간은 소중하고 값지다. 지금 주어진 삶을 어떻게 대하고 어떻게 살아내느냐에 따라 미래가 달라지기 때문이다. 삶을 함부로 내던지면 미래 역시 암울할 수밖에 없다. 불평하고 원망하다 보면 여기저기 상처를 입고 만신창이가 되어 버린다. 좋은 환경에서도 불평한다면 지금 가진 것마저 빼앗길 수 있고, 오만한 삶은 결국 적막하고 외로운 미래를 맞이할 뿐이다.

현재의 삶이 어떻든지 기독교인은 하나님께서 삶의 주인이신 것을 고백한다. 하나님의 사랑과 놀라운 계획을 믿는다. 처한 현실이 어렵더라도 낙심하거나 불평하거나 원망하지 않는다. 남들보다 훨씬 좋은 환경과 삶의 조건이라도 오만해지지 않는다. 다른 사람을 무시하지 않고 자신을 과시하려 들지 않는다. 모든 것이 하나님한테서 온 것을 믿기 때문이다. 하나님의 주권과 섭리를 믿기 때문이다. 그래서 "하나님을 사랑하는 자 곧 그의 뜻대로 부르심을 입은 자들에게는 모든 것이 합력하여 선을"(롬 8:28) 이루게 하시는 하나님에게 삶을 맡겨드린다.

현재의 삶에 갖는 이런 믿음은 자연스럽게 감사로 이어진다. 현재의 삶에 대한 감사는 살아계신 하나님을 향한 믿음의 고백이다. 하나님께서 모든 것을 알고 계시고 삶을 인도하신다는 사실을 흔들림 없이 긍정하는 것이다. 감사는 하나님 귀에 향기롭게 올라가는 찬송이다. 감사에는 하나님을 사랑한다는 고백이 담겨있다. 감사는 "여호와의 인도하심과 인생에게 행하신 기적으로 말미암아 그를 찬송할지로다"(시 107:8)는 시편 기자의 고백과 동등한 고백이다. "범사에 감사하라"(살전 5:18)는 말씀을 향한 거룩한 순종이다.

7년 전, 딸아이가 유방암에 걸렸다. 딸이 결혼한 지 7개월 만에 들려온 소식이었다. 한동안 멍하게 앉아 있었다. 이내 눈물이 쏟아졌다. 뜨겁고 굵은 눈물방울이 쉴 새 없이 두 뺨에 흘러내렸다. 하나님 앞에 아무 말도 나오지 않았다. 고작 "우리 주영이 어떻게 해요, 어떻게 해요?"가 내 입에서 나오는 말의 전부였다. 한참 후에야 "하나님 고쳐 주세요."라고 기도했다. 하나님의 거룩한 뜻이 있을 거라고 믿었다. 그러나 하나님께 감사를 드리지는 못했다. 한 달 이내에 수술 날짜가 잡혔고 딸은 서울대 병원에서 수술을 받았다.

수술 후 약 5년이 지난 2019년 벽두에, 딸에게서 전화가 걸려왔다. 딸은 암이 겨드랑이 밑 임파선과 골반에 전이되었다는 것이다. 딸이 운동을 열심히 하고 식단도 잘 조절하고 있었기 때문에 암 재발 소식은 나에게 청천벽력 같았다. 눈앞이 캄캄해졌다. 암이 재발한 것이기 때문에 절망감이 온몸을 휘감고 영혼을 옥죄었다. 눈물샘도 함께 터졌다. 운전 중에 그 소식을 들었는데 어떻게 목적지까지 갔는지 모르겠다. 이후 듣게 된 소식은 절망 그 자체였다. 의사들은 냉정하게 딸이 앞으로 3년 살 수 있다고 말했다. 의사들의 그런 냉정한 말은 그 해 31살이 된 딸에게, 그리고 아내와 나에게 날카로운 꼬챙이보다 더 아프게 가슴에 파고들었다.

며칠 지나면서 딸도, 가족도 냉정을 되찾았다. 우리 가족은 하나님께 매달렸다. 사위와 아들, 그리고 아내는 인터넷으로 국내외의 치료법을 검색했다. 그때부터 내 속에 하나님에 대한 믿음이 생겼다. 딸이 자기 이름의 뜻 그대로 주님께 영광을 돌릴 것이라는 믿음이 굳건해지기 시작했다. 딸의 삶이 하나님에게 달려있다는 확신이 왔다. 하나님께서 그리시고 있는 큰 그림이 보이기 시작했다. 마침내 내 입에서 감사가 터져 나왔다. "하나님, 주영이가 암에 걸려서 감사합니다." 나는 딸과 사위, 나 자신과 아내, 아들 그리고 사돈댁까지 믿음의 눈으로 바라보게 되었다.

나는 딸 상황을 이야기하면서 긴급하게 기도를 요청하는 글을 페이스북에 올렸다. 국내외의 페이스북 친구들이 기도하겠다며 격려를 해주었다. 그 댓글 중에 같은 아파트에 사는 지인 한 분이 쓴 것이 있다. 기독교인이 아닌 그분은 이렇게 썼다.

"아이고 하나님의 은총으로 빨리 쾌유되길 바랍니다." 나는 그 댓글에 댓글을 달았다. "'아이고'는 안 하셔도 돼요. 저희는 감사하고 있습니다. 건강하세요."

하나님을 향한 믿음은 삶에 감사를 꽃피운다. 동시에 감사는 믿음을 견고하게 한다. 딸은 지금 믿음이 굳건하다. 하나님께서 자기를 살리셔서 쓰실 것이라고 믿는다. 만에 하나 데려가시더라도 천국에 가니까 아무것도 두렵지 않다고 말한다. 우리 교회 성도들은 눈물 뿌리며 같은 믿음으로 기도해 준다. 그들의 기도는 딸의 일이 하나님께서 살아계시고 우리 기도를 들으시는 아버지이심을 보여주시며 하나님께 큰 영광이 되게 해달라는 기도다. 감사와 믿음으로 같이 기도하는 성도들이 있어서 외롭지 않고 힘이 난다. 우리 가족은 감사를 통해서 이 어려움을 뚫고 나가고 있다.

3) 감사는 아름다운 미래를 건축하는 건축자재다

미래의 삶이 어떻게 될지 아는 사람은 없다. 미래의 삶을 자기 마음대로 조작할 수 있는 사람도 없다. 그렇더라도 미래에 불행하고 싶은 사람은 없다. 누구나 미래에는 지금보다 나은 삶을 기대한다. 그래서 많은 사람이 미래를 계획하고 노력한다. 하지만 반드시 계획대로 되고 노력한 대로 된다는 보장이 없다. 미래 역시 하나님 손에 있다. "사람이 마음으로 자기의 길을 계획할지라도 그의 걸음을 인도하시는 이는 여호와시니라"(잠 16:9). 그러므로 지혜로운 사람은 자신의 미래를 하나님께 의탁한다.

자신의 미래를 하나님께 의탁한다는 것은 어떤 의미인가? 과거가 현재의 나를 빚었듯이 현재를 사는 나의 모습은 미래의 자신을 빚는 것이다. 입술을 통한 모든 말, 사람을 대하는 태도, 마음에 품고 있는 생각, 그리고 하루하루를 살아가는 삶의 태도, 이 모든 것은 하나님께서 내 미래를 건설하시면서 쓰시는 건축자재다. 건물을 건축할 때 좋은 자재를 쓰는 것이 중요하듯이, 좋은 미래를 원한다면 하나님께 좋은 건축자재를 공급해 드려야 한다. 모든 것은 감사에서 시작한다. 감사는 현재의 삶을 미래의 좋은 건축자재로 만드는 신비한 것이다.

불신과 불평, 원망의 말은 미래를 망가뜨린다. 반대로 긍정과 믿음 그리고 소망의 말은 미래를 밝게 한다. 모세의 영도 아래 이스라엘 민족이 출애굽 했다. 가나안 땅 앞에 당도했을 때 모세는 정탐꾼 12명을 보내 40일 동안 그 땅을 정탐하게 했다. 정탐을 마친 후, 정탐꾼들의 보고는 하나님의 약속을 불신하는 부정적인 보고였다. 그들은 이스라엘이 그 땅을 차지할 수 없다고 잘라 말했다. 이런 보고를 들은 이스라엘 백성은 밤새도록 통곡하며 모세와 아론을 원망하고 여호와가 자기들을 죽이려고 한다고 불평을 쏟아냈다.

정탐꾼 중에 여호수아와 갈렙은 다른 이들과 달랐다. 불신 가운데 하나님을 원망하는 백성을 보고 자기들 옷을 찢었다. 그리고 그들을 향해 외쳤다. "우리가 두루 다니며 정탐한 땅은 심히 아름다운 땅이라 여호와께서 우리를 기뻐하시면 우리를 그 땅으로 인도하여 들이시고 그 땅을 우리에게 주시리라 이는 과연 젖과 꿀이 흐르는 땅이니라 다만 여호와를 거역하지 말라 또 그 땅 백성을 두려워하지 말라 그들은 우리의 먹이라 그들의 보호자는 그들에게서 떠났고 여호와는 우리와 함께 하시느니라 그들을 두려워하지 말라"(수 14:7-9).

하나님께서 여호수아와 갈렙이 말한 믿음의 말과 정탐꾼이나 이스라엘 백성이 쏟아 낸 원망과 불평의 말을 모두 들으셨다. 그리고 이렇게 말씀하셨다. "내 삶을 두고 맹세하노라 너희 말이 내 귀에 들린 대로 내가 너희에게 행하리니 너희 시체가 이 광야에 엎드러질 것이라 너희 중에서 이십 세 이상으로서 계수된 자 곧 나를 원망한 자 전부가 여분네의 아들 갈렙과 눈의 아들 여호수아 외에는 내가 맹세하여 너희에게 살게 하리라 한 땅에 결단코 들어가지 못하리라 너희가 사로잡히겠다고 말하던 너희의 유아들은 내가 인도하여 들이리니 그들은 너희가 싫어하던 땅을 보려니와"(민 14:28-31).

"귀를 지으신 이가 듣지 아니하시랴 눈을 만드신 이가 보지 아니하시랴"(시 94:9). 하나님은 다 듣고 다 보신다. 마음속 깊은 곳에 품은 생각까지도 아신다. 그래서 우리가 말하고 듣는 것이 중요하다. 하나님은 들으신 대로, 보신 대로 행하신다. 하나님의 약속을 믿고 말한 여호수아와 갈렙은 약속의 땅에 들어갔지만, 의심으로 원망과 불평을 했던 정탐꾼들과 그들에게 동조했던 20세 이상 이스라엘 백성은 모두 광야에서 죽고 말았다.

미래를 아름답게 가꾸기를 원하는가? 그렇다면 감사하라. 오늘 주어진 여러 상황 가운데서 감사하라. 하나님의 약속을 믿고 감사하라. 하나님의 신실하심을 믿고 감사하라. 나 자신보다 더 나를 사랑하고, 내가 풍성한 삶을 살기를 원하시는 하나님을 믿고 감사하라. 그렇게 감사하면 보는 눈이 달라진다. 암담한 현실 속에서도 밝은 미래가 보인다. 감사하면 어려움 가운데서도 다시 일어날 힘이 생긴다. 그렇게 감사하면서 한 걸음씩 앞으로 나아갈 때 가는 길 끝에 빛이 보일 것이다. 하나님께서 당신을 굳게 세워 주실 것이다. 당신은 아름다운 미래를 맞이할 것이다.

3. 감사는 이웃에게 감동을 준다

누구나 주변에 다른 사람이 있다. 가족, 친지, 친구, 학교 선후배, 직장 동료에 둘러싸여서 좋은 영향이든 나쁜 영향이든 주고받으면서 살아간다. 기독교인은 주변에 있는 사람을 하나님께서 이웃으로 주셨다고 믿는다. 그리고 이웃을 네 몸처럼 사랑하라는 예수님의 말씀을 듣는다. 어떻게 이웃을 사랑하는 삶을 살 수 있을까? 여러 가지 방법이 있다. 어떤 방식으로 이웃을 사랑하든지 이웃에게 축복의 통로가 되어야 한다. 감사는 내가 이웃에게 축복의 통로가 되게 한다.

기독교인은 주변 사람의 시선을 받는다. 기독교인의 삶은 그들에게 성경같이 읽힌다. 백화점에 진열된 상품처럼 기독교인은 세상 사람들 앞에 드러나 있다. 그리고 평가받는다. 세상 사람은 기독교인이 어떻게 말하고 행동하는지 관찰한다. 기독교인이 살아가는 모습이 자기들과 비슷한지, 완전히 다른지 판단한다. 비슷하다고 생각하면 기독교를 우습게 여기고 조롱한다. 다르면 관심을 보인다. 기독교인이 처한 어려운 환경에서 감사하면서 앞으로 나가는 모습은 세상 사람들에게 감동을 주기에 충분하다.

인생은 기독교인에게나 비기독교인에게나 크게 다르지 않다. 같거나 비슷한 일들을 겪으며 살아간다. 누구나 아플 수 있고, 배신당할 수 있고, 실패할 수 있다. 그렇게 같은 일들을 겪을 때 기독교인이 삶을 대하는 모습은 비기독교인과 다를 수밖에 없다. 특히 기독교인이 하나님 앞에 믿음으로 드리는 감사는 주변 사람들, 특히 비기독교인에게 끼치는 영향이 크다. 감사는 하나님의 사랑과 은혜를 증거한다. 감사는 성도들 가운데서 일하시는 하나님의 전능하신 능력과 기이한 일을 선포한다.

인터넷에서 샌안토니오에 있는 한 한인교회의 담임 목사가 2013년에 한 설교를 읽은 적이 있다. 그 교회에 30대 후반의 여성도가 있었는데, 직장 관계로 교회를 떠나 다른 지역에 살고 있었다. 그녀가 담임 목사에게 편지를 보내왔다. 그 편지 내용은 이랬다. 그녀는 자궁암에 걸려서 방사선 치료와 약물치료를 받으면서 몸과 영혼이 말라가는 듯한 느낌을 받을 정도로 힘이 들었지만, 하나님의 계획이 있으심을 믿고 치료를 받았다. 그녀 주위에도 많은 암 환자가 고생하고 있었다. 그녀는 그들에게 다가가서 위로하고 하나님을 증거하였다. 그녀는 그것이 감사했다.

믿음이 감사를 낳고 감사는 믿음을 더욱 강하게 한다. 기독교인의 이런 모습은 주변에 하나님의 선하심과 인자하심을 드러낸다. 이것이 우리를 부르신 하나님의 목적이다. 이런 삶을 살라고 하나님께서 우리를 세상 가운데 두고 계신다. 사도 베드로의 말이다. "너희는 택하신 족속이요 왕 같은 제사장들이요 거룩한 나라요 그의 소유가 된 백성이니 이는 너희를 어두운 데서 불러내어 그의 기이한 빛에 들어가게 하신 이의 아름다운 덕을 선포하게 하려 하심이라"(벧전 2:9). 감사는 사람들에게 하나님의 아름다운 덕을 선포하는 나팔과 같다.

3장

기적의 창고 문을 여는 열쇠, 감사

기적의 창고 문을 여는 열쇠, 감사

하나님이 기적을 일으키시는 분임을 믿는다면, 당신은 기적이 가득한 하나님의 창고를 열고 들어갈 열쇠가 있어야 한다. 당신은 그 열쇠를 가졌는가? 기적의 문을 여는 열쇠는 감사다. 그러므로 감사하지 않는 사람은 결코 기적의 창고 문을 열고 들어갈 수 없다. 오직 감사하는 사람만이 하나님의 기적을 누릴 수 있다. 그 열쇠를 어떻게 사용할 것인가?

1. 소리를 내서 감사하라

'종이 울리기 전까지는 종이 아니고 사랑은 표현하기 전까지는 사랑이 아니다'라는 말처럼 감사는 입술로 고백하기 전까지 감사가 아니다. 하나님은 우리가 하는 말을 중하게 여기신다. 말은 곧 우리의 생각이기 때문이다. 하나님께서 이런 연유로 귀에 들리는 대로 행하시겠다(민 14:28)고 말씀하신 것이다.

예수님의 말씀이다. "선한 사람은 그 쌓은 선에서 선한 것을 내고 악한 사람은 그 쌓은 악에서 악한 것을 내느니라"(마 12:35). 나는 군대 생활이 힘들었다. 훈련을 받고 통제된 삶을 사는 것도 힘들었지만 더 힘들었던 것이 있다. 고참병이나 동기생들이 하는 욕설을 듣는 것이었다. 그들은 말끝마다 습관처럼 입에서 욕이 나왔다. 욕설을 듣는 것이 견디기 어려울 만큼 힘들었다. 그런데 더 힘든 것이 있었다. 밤에 고참병과 함께 경계근무를 나갔을 때 두 시간 동안 고참병의 말을 들어 주는 것이었다. 그들이 하는 말은 시시껄렁하고 더러운 생각들, 욕망에 관한 것이었다. 외박이라도 나갔다 오면 영웅담이나 무용담을 늘어놓듯이 그런 말들을 쉬지 않고 뱉어냈다. 그들 속에 들어 있는 것들이 나온 것이다.

대학교 일학년 때에 아내를 만났다. 여자 친구를 처음 갖게 된 내 마음은 지금은 아내가 된 여자 친구 생각으로 가득했다. 당시 내 바로 아래 동생은 고등학교 일학년이었다. 공부하기 바쁜 동생을 붙잡고 여자 친구 얘기를 자꾸 했던 기억이 난다. 동생은 별로 관심이 없는데 나는 내 마음이 여자 친구 생각으로 가득 찼었기 때문에 그런 것이다. 만일 마음속에 감사가 가득하다면 감사가 입 밖으로 터져 나올 수밖에 없다. 감사가 없는 마음은 감사하지 못한다. 한 번 두 번 형식적으로 감사하다고 말할 수는 있다. 그러나 지속적이고 진정한 감사를 하기는 불가능하다. 계속해서 감사가 터져 나올 때는 그 마음에 감사가 가득한 것이다. 반대로 마음에 불평이 가득하면 불평이 나올 수밖에 없다.

히브리서 기자는 찬송의 제사를 하나님께 드리자고 하면서 찬송이 하나님의 이름을 증언하는 입술의 열매라고(히 13:15) 했다. 감사로 드리는 찬양은 하나님 귀에 아름다운 음악이고, 하나님 이름을 증거하는 입술의 열매다. 하나님께서 자녀에게 은혜를 베푸신다. 그리고 자녀에게 기대하시는 것은 딱 하나, 바로 감사다. 우리는 입을 열어 감사하면 된다. 소리를 내서 "하나님 감사합니다." 하면 된다. 이 한마디가 하나님 귀에 아름다운 음악과 같다. 감사 한마디가 하나님의 마음을 기쁘게 하고 하나님을 영화롭게 한다. 중심을 담아 하나님께 입을 열고 소리를 내어 고백하자. "하나님 감사합니다."

감사의 말은 진심이어야 한다. 사람도 진심과 진심이 아닌 말을 어느 정도 분별한다. 그래서 진심이 느껴지지 않는 말을 들었을 때 영혼이 없다고 표현한다. 하물며 하나님은 진심과 진심 아닌 것을 얼마나 잘 아시겠는가? 진심으로 감사를 드리지 않을 때 하나님께서 감사를 받으실 까닭이 없다. 진심이 아닌 감사는 백 번이고 천 번이고 무의미하다. 진심 어린 감사를 하지 못하면 차라리 하나님께 항변하는 게 낫다. 하나님의 뜻을 이해하고 믿음이 생길 때까지 아이 성 전투에서 패한 후의 여호수아처럼 하나님께 질문하는 것이 낫다.

무조건 감사를 하다 보면 형식적인 감사가 되기 쉽다. 형식적이고 입에 발린 감사를 피하는 길은 감사의 이유도 함께 고백하는 것이다. "할렐루야 여호와께 감사하라 그는 선하시며 그 인자하심이 영원함이로다"(시 106:1). 시인의 감사 이유는 여호와의 선하심과 인자하심이다. 시편 136편은 범사에 감사할 이유가 하나님의 영원한 인자하심임을 가르쳐 준다. 또한 하나님의 선하심과 인자하심은 범사에 감사할 구체적 이유를 찾게 해준다. 감사 이유는 감사를 감사되게 한다. 감사가 더 깊고 진실해진다.

2. 악기를 사용해서 노래로 감사하라

시편은 악기를 동원해서 하나님을 찬양하라고 권한다. "나팔 소리로 찬양하며 비파와 수금으로 찬양할지어다 소고 치며 춤추어 찬양하며 현악과 퉁소로 찬양할지어다 큰 소리 나는 제금으로 찬양하며 높은 소리 나는 제금으로 찬양할지어다"(시 150:3-5).

그리스도의 교회 교단은 예배드릴 때 악기를 연주할 수 있다고 주장하는 유악기파와 악기를 연주하지 말아야 한다는 무악기파가 있다.

악기에 대한 이해가 첨예하게 대립한다. 이 문제로 교단이 갈라져서 유악기파와 무악기파가 있는 것이다. 개인적으로 무악기파에 속한 사람들이 시편 150편의 말씀을 어떻게 이해하는지 알고 싶다.

물론 우리는 악기 없이 하나님을 찬양할 수 있다. 그러나 악기 없이 찬양하는 것과 악기를 연주하면서 거기에 맞춰서 찬양하는 것은 크게 다르다. 만일 별로 다르지 않다면 교회마다 피아노를 비롯한 악기를 연주하며 찬양할 필요가 없을 것이다. 우리는 경험적으로 안다. 악기 연주를 하며 찬양하는 것과 악기 연주 없이 찬양하는 것이 얼마나 다른지. 개인에 따라 아무 상관이 없고, 아무것도 다르지 않다고 말하는 사람이 있을 수 있다. 그러나 대부분 사람은 찬양할 때 악기의 필요성을 긍정할 것이다. 경험적으로 악기 연주의 필요성을 알기 때문이다.

다윗 왕도 악기 연주의 필요성을 알았다. 솔로몬 왕이 성전 건축을 마치고 낙성식을 하고 있었다. 하나님의 영광이 온 성전에 가득했다. 이스라엘 모든 자손이 하나님의 영광을 보고 땅에 엎드려 하나님을 경배하였다. 솔로몬 왕이 하나님께 드린 예물은 어마어마하였다. "소가 이만 이천 마리요 양이 십이만 마리"(대하 7:5)나 되었다. 이때 제사장들이 모두 직분을 따라 하나님 앞에 서 있었다. 그리고 레위 사람들은 악기를 들고 서 있었다. 역대하 저자는 이렇게 말한다. "이 악기는 전에 다윗 왕이 레위 사람들에게 여호와께 감사하게 하려고 만들어서 여호와의 인자하심이 영원함을 찬송하게 하던 것이라"(대하 7:6). 이것이 무슨 뜻인가? 다윗 왕도 하나님을 찬양할 때 악기의 필요성을 느꼈다는 말 아닌가.

악기 연주는 찬양을 작곡한 사람의 의도대로 정확하게 찬양할 수 있도록 돕는다. 한음 한음에 맞는 정확한 음정과 음의 길이, 그리고 박자를 따라 찬양을 드릴 수 있도록 돕는다. 그러나 이보다 더 중요한 효과가 있다. 악기의 아름다운 연주소리는 우리의 영을 고양한다. 시편 150편에서 보듯이 여러 가지 악기를 동시에 연주하면서 찬양을 하면 더욱 찬양에 빠져든다. 단순히 감정적으로 흥분하는 정도가 아니라 깊이 하나님의 임재 가운데로 들어간다.

감사를 노래로 드릴 때, 즉 감사 찬양을 드릴 때 악기 연주와 함께 찬양을 드리는 것은 훨씬 좋다고 생각한다. '하나님 감사합니다' 하는 고백 자체도 하나님 귀에 음악같이 아름다운 것이지만 아름다운 악기 연주와 함께 드려지는 감사 찬양은 하나님의 마음을 움직이고 기쁘시게 한다.

다윗 왕이 아비나답의 집에 있던 하나님의 궤를 다윗 성으로 옮길 때, "다윗과 이스라엘 온 족속은 잣나무로 만든 여러 가지 악기와 수금과 비파와 소고와 양금과 제금으로 여호와 앞에서 연주"(삼하 6:5)하였다. 유다의 왕 히스기야는 온 유다와 이스라엘 심지어 요단 동쪽의 에브라임과 므낫세에게까지 편지를 보내서 예루살렘 성전에 와서 유월절을 지키자고 제안하였다. 큰 무리가 모여 유월절을 지켰다. 역대하 30장 21절에 다음과 같은 말씀이 있다. "예루살렘에 모인 이스라엘 자손이 크게 즐거워하며 칠 일 동안 무교절을 지켰고 레위 사람들과 제사장들은 날마다 여호와를 칭송하며 큰 소리 나는 악기를 울려 여호와를 찬양하였으며."

이스라엘 백성은 모여서 하나님을 찬양할 때 악기를 연주하였다. 악기 연주가 주는 깊은 영감과 감동이 함께 하였기 때문이다. 그러므로 하나님께 감사 찬송을 드릴 때 악기를 연주하는 것은 유익하며 기쁨으로 감사드리게 한다.

3. 온몸을 사용해서 감사를 표하라

몸도 언어다. 우리는 굳이 말을 하지 않고도 신체의 각 부분을 사용해서 다양한 의사 표시가 가능하다. 예를 들어 눈동자를 움직여서 무엇인가를 지시할 수 있다. 고개를 흔들어서 거부 의사를 표할 수도 있고 끄덕여서 긍정이나 동의를 표할 수 있다. 손을 드는 것도 마찬가지다. 손을 들어 반가움을 표시할 수 있다. 양팔을 들고 흔들며 반가움과 환영의 의미를 전달할 수 있다. 고개를 돌려서 외면과 무관심을 드러낼 수도 있다. 이처럼 몸은 또 다른 언어가 된다. 바디 랭귀지(Body language)다.

바디 랭귀지를 연구하는 사람에 따르면, 사람이 무의식중에도 몸의 어떤 자세를 취함으로 자신의 마음 상태를 표한다고 한다. 예를 들면, 웃으면서 손으로 입을 가리는 모습은 자기 속에 무엇인가 감추고 싶은 것이 있다는 뜻이다. 강의를 듣거나 대화 중에 팔짱을 끼고 있는 모습은 방어적이고 상대방을 받아들이지 않겠다는 뜻이라고 한다. 이처럼 사람은 자신의 마음 상태를 의도적으로 하든, 무의식중에 하든 몸으로 표현한다. 그래서 하나님을 찬양할 때 마음 상태에 따라 자연스럽게 손을 들기도 하고 흔들기도 한다. 묵상하듯 찬양할 때는 자기도 모르게 눈이 지그시 감기기도 하고, 기쁘고 열정적으로 찬양할 때는 박수를 치기도 한다. 춤을 추며 찬양을 드릴 때도 있다. 춤은 몸 전체를 움직인다. 어떤 종류의 춤이든 마찬가지다. 춤을 춰서 찬양하고 감사드리는 것은 온몸으로 하는 감사의 표현이다.

하나님께서 홍해를 가르시고 이스라엘을 구원하셨다. 이스라엘을 뒤쫓던 바로의 군대는 홍해에 수장하셨다. 그때 모세가 여호와께 노래를 불렀다(출 15:1-18). 아론과 모세의 누이 미리암도 노래를 불렀다. 출애굽기 15장 20-21절이다. "아론의 누이 선지자 미리암이 손에 소고를 잡으매 모든 여인도 그를 따라 나오며 소고를 잡고 춤추니 미리암이 그들에게 화답하여 이르되 너희는 여호와를 찬송하라 그는 높고 영화로우심이요 말과 그 탄 자를 바다에 던지셨음이로다." 미리암과 모든 여인이 춤을 추며 이스라엘을 구원하신 하나님께 찬양을 드렸다.

다윗 왕도 춤을 춰서 하나님께 감사를 드렸다. 여호와의 언약궤가 오벧에돔의 집에서 다윗성으로 올라갈 때 "다윗과 온 이스라엘 족속이 즐거이 환호하며 나팔을"(삼하 6:15) 불었다. 다윗은 여호와 앞에 번제와 화목제를 드렸다. 온 이스라엘과 함께 기뻐하며 하나님께 감사를 드린 것이다. 이날 여호와의 궤가 다윗성으로 들어올 때에 다윗은 여호와 앞에서 힘을 다해 뛰놀며 춤을 추었다(삼하 6:16, 대하 15:29). 온몸을 다해 하나님께 감사와 찬양을 드린 것이다.

구약에서 춤을 추는 것은 기쁨의 상징이었다. 이스라엘이 홍해를 건넌 후 아론의 누이 선지자 미리암과 여인들이 소고를 잡고 춤을 추었다(출 15:20). 사사 입다가 전쟁에서 승리하고 돌아올 때 그의 딸이 소고를 잡고 춤추며 나와서 영접하였다(삿 11:34). 전도서 3장 4절에 "울 때가 있고 웃을 때가 있으며 슬퍼할 때가 있고 춤출 때가 있으며"는 기쁠 때 춤을 췄다는 것을 가르쳐 준다. 예레미야애가 5장 15절도 마찬가지다. "우리의 마음에는 기쁨이 그쳤고 우리의 춤은 변하여 슬픔이 되었사오며.”

　신약에서도 춤은 기쁨의 상징이었다. 예수님께서 말씀하셨다. “우리가 너희를 향하여 피리를 불어도 너희가 춤추지 않고 우리가 슬피 울어도 너희가 가슴을 치지 아니하였다 함과 같도다”(마 11:17). 예수님은 이스라엘 백성이 기쁠 때 춤추지 않으며, 슬플 때도 슬퍼할 줄도 모른다며 그들의 마음이 완악하다고 말씀하신 것이다. 예수님도 기쁨은 춤추게 한다는 것을 당연하게 여기셨다. 집을 나갔던 작은 아들이 돌아왔을 때 아버지는 기뻐서 잔치를 벌였다. 맏아들이 집에 가까이 왔을 때 집 안에서 울려 나오는 “풍악과 춤추는 소리를”(눅 15:25) 들었다.

　감사는 하나님께 드리는 아름다운 찬양 아닌가. 우리는 춤추어 하나님께 감사와 찬양을 드릴 수 있고, 할 수 있다면 당연히 그렇게 해야 한다. 시편 150편 4절이다. “소고 치며 춤추어 찬양하며 현악과 퉁소로 찬양할지어다.” 시편 기자는 모든 악기를 동원할 뿐 아니라 춤을 추며 찬양하라고 강조한다. 성경이 하나님의 감동으로 기록된 것을 믿는다면 춤추며 찬양하는 것은 하나님께서 자기 백성에게 원하시는 것이라고 할 수 있다.

　춤추며 찬양하는 것은 몸 전체가 하나님을 찬양하는 악기가 되는 것이다. 손을 들고 흔들며 하나님을 찬양하라. 다윗처럼 일어나 몸을 흔들고 뛰놀며 하나님께 감사의 찬양을 드려라. 하나님께서 기뻐 받으실 것이다. 구리 영락교회 김성기 목사는 〈교회연합신문〉 인터넷판에 실린 칼럼에서 자신의 경험담을 말했다.

　필자는 춤을 추며 집회를 하는 어떤 교회에 처음 참석했을 때 너무나 당황하였다. 나하고는 맞지 않는 옷이라고 생각했다. 필자와는 먼

나라의 일처럼 생각하였다. 도무지 적응하기가 어려웠다. 그러나 어느 날 손을 들고 찬양하는데 갑자기 손이 저절로 움직이기 시작하였다. 처음에는 이상하여 스스로 절제하였으나 나중에는 그대로 맡겨 보았다. 결국 필자도 춤꾼이 되어 버렸다. 지금은 그냥 앉아서 찬양하면 너무나 재미가 없다. 그래서 필자의 교회에서는 대예배 때도 일부 성도들이 뒤 빈 공간에 나아가 춤을 추며 찬양한다. 필자는 기존의 예배 방식을 틀렸다고 말하고 싶지는 않다. 그러나 성경의 방식이 더 좋다고 생각한다. 특히 온갖 스트레스로 병들어 가는 현대인들에겐 '춤추며 찬양하라'는 성경 말씀이 얼마나 고맙고 감사한지 모른다. 그렇게 하면 바로 예배가 은혜와 치료의 시간이 될 수 있기 때문이다.

나도 김성기 목사 생각에 동의한다. 나는 2018년 10월에 미얀마에 가서 부흥집회를 인도하였다. 이 집회는 15개 교회가 참여하는 선교 연합회가 주최한 부흥회였다. 낮에는 강의를 했고 저녁에는 설교를 했다. 집회 중 찬양을 드릴 때 미얀마 교회 성도들은 앞으로 나와서 원을 그리고 빙글빙글 돌아가며 춤을 추며 찬양했다. 그들이 추는 춤은 잘 짜였거나 춤의 기본기가 갖춰진 춤은 아니었다. 그러나 그들은 나름대로 팔을 들고 흔들며 몸을 움직이고 경쾌하게 스텝을 밟으며 빙글빙글 원을 그리며 찬양을 드렸다. 나는 춤추며 찬양하며 기뻐하는 미얀마 성도들의 모습에 감명을 받았다. 마지막 집회에는 나도 그들 중에 섞여서 같이 빙글빙글 돌며 손을 흔들고 찬양했었다. 은혜가 충만한 시간이었다.

4. 감사의 예물을 드려서 감사하라

나는 현대 기독교인이 돈에 관한 설교 듣는 것을 싫어한다고 생각한다. 하지만 성경에는 돈이나 재물에 관한 교훈이 많다. 예수님께서 한 사람이 두 주인을 섬길 수 없다고 하시면서 우리가 하나님과 재물을 겸하여 섬길 수 없다고 말씀하셨다(마 6:24). 하나님을 사랑하면 돈을 미워하게 되고 돈을 사랑하면 하나님을 미워하게 되기 때문이다. 사람이 하나님도 사랑하고 돈도 사랑할 수 없다. 돈은 하나님을 사랑하고 섬기는 수단이 되어야지 사랑의 대상이 되어서는 안 된다.

사도 바울은 디모데후서 3장 2절에서 말세가 되면 사람들이 돈을 사랑한다고 했다. 그런데 바울은 디모데전서 6장 10절에서는 돈에 관해 경고성의 말을 했다. "돈을 사랑함이 일만 악의 뿌리가 되나니 이것을 탐내는 자들은 미혹을 받아 믿음에서 떠나 많은 근심으로써 자기를 찔렀도다." 예수님 말씀처럼 돈을 사랑하면 절대로 하나님을 사랑할 수 없고 오히려 미혹을 받아 믿음까지 버릴 가능성이 크다. 돈에 관한 이런 성경의 증거들을 볼 때 기독교인은 돈을 사랑하고 돈에 의해 미혹을 당할까 조심해야 한다.

기독교인이 돈을 사랑하게 되면 하나님께 드리는 것도 아깝게 여긴다. 예수님께서는 보물을 하늘에 쌓아 두라고 하셨고 네 보물이 있는 곳에 네 마음도 있다(마 6:19, 21)고 하셨다. 그런데 하나님께 드리는 것에 인색하면 돈을 사랑하는 마음이 가득하고 하나님을 사랑하는 마음은 없다는 반증이다. 우리가 하나님께 감사를 드릴 때도 반드시 예물과 함께 감사드리는 것이 중요하다. 하나님께서 직접 감사를 드릴 때 예물 드릴 것을 명령하셨다는 사실을 알아야 한다. 구약시대에 하나님께 감사의 제사를 드렸는데 그것이 바로 화목제다. 화목제를 드리는 사람은 규례대로 예물을 가져왔다.

레위기 7장 11-27절에 화목제물을 드리는 규례가 기록되어 있다. "만일 그것을 감사함으로 드리려면 기름 섞은 무교병과 기름 바른 무교전병과 고운 가루에 기름 섞어 구운 과자를 그 감사 제물과 함께 드리고 또 유교병을 화목제의 감사 제물과 함께 그 예물로 드리되 그 전체 예물 중에서 하나씩 여호와께 거제로 드리고 그것을 화목제의 피를 뿌린 제사장들에게로 돌릴지니라"(레 7:12-14). 이스라엘이 화목제(감사제사)를 드릴 때는 반드시 예물을 가지고 드려야 했다. 하나님께서 친히 이스라엘 백성에게 명령하신 것이다. 그러나 하나님의 명령 이전에 진정으로 하나님을 사랑하는 마음이 있고, 하나님의 은혜에 감사가 있으면 예물을 드려서 감사하는 것은 지극히 당연한 일이다. 마음속에 자연스럽게 예물을 드릴 마음이 생긴다.

예배를 드릴 때 성도들이 드리는 감사헌금이 바로 하나님께 드리는 감사예물이다. 진심으로 드리는 감사에는 헌금이 따라온다. 예수님도 "네 보물이 있는 그곳에는 네 마음도 있느니라"(마 6:21)고 하시지 않았는가. 돈의 많고 적음은 중요하지 않다. 예수님은 성전에 앉아서 사람들이 헌금하는 것을 보시다가 과부가 두 렙돈 헌금하는 것을 보시고 그 가난한 과부가 모든 사람보다 더 많이 헌금했다고 말씀하셨다(막 12:44). 감사하는 마음은 최선을 다한다. 아까워하지 않는다. 온 마음을 다해 할 수 있는 모든 것으로 감사드리고 싶은 것이다.

한국교회는 일 년에 두 번 감사 절기를 지킨다. 바로 맥추절과 추수감사절이다. 성경에서 맥추절은 첫 열매에 드리는 감사다. 한국교회에서는 7월에 맥추감사주일을 지키는데, 보통 6개월 동안 베풀어 주신 하나님의 은혜에 감사하는 의미를 갖는다. 추수감사주일은 교회력상에는 11월 셋째 주일이다. 그러나 개 교회의 상황과 형편에 따라 추석 명절에 맞추거나 11월 첫 주일을 추수감사주일로 지키기도 한다. 추수감사주일은 일 년 동안 베풀어 주신 하나님의 은혜에 감사하는 의미를 지닌다.

두 번의 감사 주일을 지키면서 입으로만 감사하는 성도는 없을 것이다. 교회마다 절기 감사헌금 봉투가 마련되어 있고 성도들은 절기 감사 봉투에 감사헌금을 담아 드린다. 그러나 하나님 앞에서 정직하게 자신을 살펴볼 필요가 있다. '나는 하나님께서 베푸신 은혜에 최선을 다해 감사를 드리는가, 아닌가.' 하나님께서 우리 마음을 꿰뚫어 보신다는 사실을 잊지 말아야 한다. 만일 어떤 성도가 아까워하면서 드리면 그 마음을 아신다. 감사한다고 말하면서도 할 수 있는 모든 것을 다 하지 않으면, 사람은 모르더라도 하나님은 아신다. 사도 바울이 고린도 교회 성도들에게 한 말이다. "각각 그 마음에 정한 대로 할 것이요 인색함으로나 억지로 하지 말지니 하나님은 즐겨 내는 자를 사랑하시느니라"(고후 9:7).

사도 바울이 2차 선교 여행 중에 철학의 도시 에덴에 갔다. 바울이 예수 그리스도를 증거하는 말을 처음 들어본 에피쿠로스와 스토아 철학자들은 흥미를 가졌다. 그들은 바울을 데리고 가서 아레오바고 가운데 세웠다. 아덴 북서쪽에 있는 언덕이다. 아덴의 많은 시민이 새로운 것을 말하고 듣는 장소였다. 그 당시 야외 최고 법정이 있던 장소이기도 했다.

바울은 설교를 시작하면서 먼저 하나님에 대해 말하였다. 왜냐하면 바울이 아덴시를 돌아다니면서 많은 신상을 보았는데 그중에는 '알지 못하는 신에게'라고 새긴 단도 보았기 때문이다. 바울은 그 부분을 접촉점 삼아 살아계신 하나님을 증거한 것이다. 바울은 하나님을 이렇게 표현했다. "우주와 그 가운데 있는 만물을 지으신 하나님께서는 천지의 주재시니 손으로 지은 전에 계시지 아니하시고 또 무엇이 부족한 것처럼 사람의 손으로 섬김을 받으시는 것이 아니니 이는 만민에게 생명과 호흡과 만물을 친히 주시는 이심이라"(행 17:24, 25).

하나님은 무엇이 부족해서 사람의 손에 의해 섬김을 받으시는 분이 아니다. 하나님은 우리의 헌금을 받아먹고 사시는 분이 아니다. 하나님은 무엇이 부족해서 우리의 것을 빼앗아 가시는 분이 아니다. 그러면 하나님은 왜 우리가 헌금 드리는 것을 원하실까? 하나님은 우리의 마음을 알고 싶어 하신다. 우리가 온전히 하나님을 믿고 하나님을 사랑하는지를 알고 싶어 하신다. 그래서 우리가 최선을 다해 드리는 것을 기뻐하신다. 그래서 하나님은 즐겨내는 자를 사랑하시는 것이다.

5. 많은 사람 앞에서 감사하라

많은 사람 앞에서 감사하는 것을 이상하게 생각하는 사람이 있을 수 있다. 하나님과 일대일 관계에서 감사를 드리면 되지 왜 굳이 많은 사람 앞에서 감사를 드려야 하는 것일까? 교회 앞에서 감사를 드리는 것은, 교회는 주님의 몸을 이루는 공동체이기 때문이다. 교회는 모든 영광, 찬송, 감사, 기쁨 그리고 아픔까지도 같이 나누는 예수님과 연합된 하나의 몸과 같다. 그래서 모든 지체의 감사와 기쁨을 온 교회가 아는 것이 좋다. 좋을 뿐만 아니라 중요하다.

교회 안에서 함께 감사를 나눔으로써 온 교회가 기뻐하고 하나님을 영화롭게 하며 다 같이 하나님의 은혜를 누릴 수 있다. 나는 주일 예배에 각종 헌금을 드린 모든 사람을 일일이 호명하며 발표하지 않는다. 다만 감사를 같이 나눈다. 나는 이렇게 말한다. "이 시간 감사를 통해서 하나님께서 영광을 받으시고 우리에게도 큰 은혜가 되기를 바랍니다." 그리고 감사한 성도들의 이름과 감사의 이유를 온 교회와 함께 나눈다. 나는 이 시간을 통해서 하나님께서 큰 영광을 받으시고 온 성도 안에 하나님의 은혜가 임한다고 믿는다. 교회 앞에서 공적으로 하는 감사는 하나님의 은혜와 역사 그리고 하나님에 대한 믿음을 간증하는 것이라고 할 수 있다.

내 딸은 용감하게 암과 싸우고 있다. 하나님께서 딸아이 본인뿐만 아니라 우리 가족을 다시 믿음 가운데 온전히 세워 가고 계신다. 교회 성도들은 딸을 통해서 하나님께서 살아계신 것과 우리를 사랑하시고 우리의 기도를 들으시는 하나님을 보여 달라고 기도한다. 이 세상을 향하여 하나님을 증거하고 영광을 돌리게 해달라고 기도한다.

2019년 어느 주일, 오후 예배를 드릴 때에 딸이 간증했다. 딸의 간증을 요약하면 이렇다.

제가 앞에서 반주하면서 보면 매 주일 성도님들이 울고 계시는 것을 봅니다. 그런데 하나님의 은혜에 감사하셔서 우시는 것이면 몰라도 혹 저를 안타깝게 여기시거나 불쌍하게 보시면서 우시지 않았으면 좋겠습니다. 저는 암이 재발해서 도리어 하나님 은혜에 감사하고 있습니다. 저는 하나님이 저의 아버지이심을 믿습니다. 하나님이 저의 아버지이시기 때문에 하나님을 사랑합니다. 제가 아프다고 해서 하나님께 어떤 원망도 불평도 없습니다. 저는 모든 것이 감사합니다. 이번 일을 통해서 하나님께서 깨닫게 해주시는 은혜가 너무 많습니다.

저는 하나님께 고쳐 달라고 기도하지만 하나님께서 그냥 저를 데려가서도 괜찮습니다. 제가 죽으면 사랑하는 남편과 부모님 때문에 마음이 안타까울 뿐 제가 죽는 것에 대한 두려움은 없습니다. 왜냐하면 죽으면 하나님 아버지 품에 안길 것이기 때문입니다.

딸의 이 간증을 들으면서 성도들의 눈시울이 빨개졌다. 부모인 나와 아내는 물론이고 온 성도들도 딸의 말에 감동받았다. 아내와 나는 속으로 놀랐다. 그리고 하나님께 감사했다. 하나님께서 딸 속에 일하고 계신 것이 정말 감사했다. 하나님께서 놀라운 일을 행하고 계셨다. 다음 날 월요일에 딸을 차로 병원에 데려다주면서 대화를 나눴다. 딸이 말했다. "아빠, 성경이 보물 책이야. 내가 하나님 앞에 가기 전에 성경 말씀을 다 공부하고 싶어." 나는 딸에게 암이 재발한 것이 감사하다. 이 일을 통해서 하나님께서 놀라운 일을 하시고 은혜를 베풀고 계시는 것이 정말 감사하다.

나는 딸의 간증을 사람들과 나눈다. 그리고 하나님께 다시 감사하고 또 감사한다. 나를 통해서 듣는 딸의 간증을 듣고 사람들은 놀란다. 그리고 감동받는다. 하나님께서 일하고 계신다. 우리가 하나님께 드리는 감사를 불신자들 앞에서 고백한다면 그것 또한 하나님께서 영광을 받으실 일이다. 하나님의 은혜와 선하심을 증거하는 일이 되기 때문이다. 감사할 일이 있는가? 신실하신 하나님을 믿는 믿음이 있어서 어렵고 힘든 가운데서도 마음에 감사가 있는가? 사람들 앞에서 하나님께 드리는 감사를 고백하라. 하나님께서 듣고 계신다. 영광을 받으실 것이다. 사람들은 하나님의 살아계심과 선하심을 듣게 될 것이다.

6. 삶을 통째로 드려서 감사하라

많은 사람이 헌신을 두려워한다. 혹은 스스로 감당할 수 있을지 의심을 한다. 나는 중학교 1학년 때에 처음 교회를 나갔다. 1년 후에 그만두었다. 그러나 고등학교 1학년이 되었을 때 다시 교회에 나가기 시작했다. 이때부터 믿음이 조금씩 생기기 시작했다. 믿음이 생기다 보니 기도도 하기 시작했다.

중학교 3학년 때부터 시력이 조금씩 떨어지기 시작했는데 고등학교에 들어가니까 선생님 판서가 잘 보이지 않았다. 어린 마음에 안경을 쓰기는 싫었다. 생활이 불편해지기 시작했다. 예수님께서 맹인을 고쳐 준 이야기를 성경에서 읽었다. 설교 말씀 중에 그 내용이 있기도 했다. 어린 믿음에 '나도 기도하면 예수님께서 시력을 회복해 주실까?' 하는 생각이 들기 시작했다. 매일 밤 자기 전에 눈을 좋게 해달라고 기도하고 잠자리에 들었다. 교회에 가서도 기도할 때마다 시력을 회복해 달라고 기도했다. 가끔 담임 목사님께서 이런 내용의 설교를 하실 때는 간절한 마음으로 "아멘"을 했다. 그런데 좋아지지 않았다.

그때 이런 생각이 들었다. '예수님께, 내가 주의 종이 되겠으니 눈을 좋게 해 달라고 기도할까.' 그런데 마음속에 또 다른 생각이 들었다. '내가 어떻게 주의 종이 되지. 내가 할 수 있을까?' 하는 두려움이 생겼다. 그래서 결국 그렇게 기도를 하지 못했다. 지금 돌이켜보면 헛웃음이 나온다. 사실 많은 사람이 헌신에 두려움을 갖는다. 하나님께서 자기가 감당할 수 없는 일을 맡기실까 염려하고 걱정한다. 하나님께서 자기가 원치 않는 곳에 보내실까 두려워한다. 그러나 그렇지 않다. 하나님은 누구보다 나를 잘 안다. 그런 하나님께서 완벽한 계획을 갖고 계신다. 아무것도 두려워할 필요가 없다. 하나님께서 나의 삶을 인도하신다. 아브라함을 보라. 그는 하나님께서 부르셨을 때 어디로 가는지 알지 못한 채 하나님께서 인도하는 곳으로 갔다.

헌신은 감사 표현의 절정이다. 하나님의 은혜와 사랑을 경험한 후 깊은 감사가 터져 나오는 사람은 삶이 변한다. 오직 자기 자신만을 위해서, 자기의 이익과 성공만을 위해 달려가던 삶을 하나님께 드린다. 가장 값진 삶이 무엇인지 발견한다. 이전에 중요한 것들이 시시해지고, 관심 없던 것들이 갑자기 중요해진다. 이 지점에서 삶의 극적인 변화를 경험한다. 마음속에 지진이 일어나는 것을 체험한다. 앞뒤를 재볼 필요도 없다. 다른 사람의 의견을 참고할 필요도 없다. 하나님 앞에 순결한 마음으로 자신을 드린다. 그래서 감사의 삶은 곧 헌신의 삶이다. 헌신하는 이들은 한결같이 가슴 깊이 감사를 품고 있다. 죄를 따라 심판받고 저주를 받아 영원히 지옥에 던져질 운명에서 건져 주신 하나님의 은혜와 사랑에 감사가 있다. 멸망과 저주에서 건짐받았다는 감격과 안도감은 무엇과도 바꿀 수 없는 혼자만 아는 보배다. 홀로 기뻐하고 감사한다. 잠잠히 자신을 드린다. 아무리 애쓰고 힘써도 그 사랑과 은혜를 갚을 길이 없다는 사실을 안다. 그래서 자신을 통째로 드린다. 여전히 모자라지만 그렇게라도 하는 것이다.

사도 바울이 그런 사람이다. 그는 처음에 스스로 하나님을 섬긴다고 생각했던 사람이다. 자기는 하나님 앞에 의롭다고 확신했다. 그러나 다메섹으로 가는 길 위에서 부활하신 예수 그리스도를 만난 후, 그의 삶은 완전히 바뀌었다. 전혀 다른 사람이 되었다. 바울은 자기가 죄인이며 죄인 중에 괴수라는 사실을 깨달았다. 하나님께서 그런 자기를 용서하셨고 부르셨다는 사실을 안 후 그는 자신의 전 생애를 하나님께서 부르신 그 부르심에 드렸다. 그는 뒤돌아서지 않았고 삶을 마칠 때까지 그 사명을 감당했다.

당신은 헌신하고 있는가? 아니면 헌신하는 척하는가? 헌신하고 있다면, 그 헌신은 하나님께 올라가는 향기로운 감사의 제사다. 많은 기독교인이 헌신을 주저한다. 부르심을 느끼면서도 망설인다. 자기의 삶을 빼앗길 것이라는 두려움 때문이다. 그러나 하나님은 빼앗는 분이 아니다. 도리어 주시는 분이다. 사도 바울이 아덴의 아레오바고에서 말한 대로 하나님은 무엇이 부족해서 "사람의 손으로 섬김을 받으시는"분이 아니다. 도리어 "만민에게 생명과 호흡과 만물을 친히 주시는" 분이다(행 17:25).

감사가 충만하고 헌신하고 싶은 열망이 꿈틀거린다면 주저하지 말라. 갈 길을 알지 못했지만 오직 하나님만 믿고 앞으로 나아간 아브라함처럼 헌신의 첫걸음을 떼라. 아무것도 두려워하지 마라. 홍해가 열린 것처럼 당신이 가는 길을 하나님께서 여실 것이다. 당신 앞에 있는 여리고를 하나님께서 무너뜨리실 것이다. 하나님께서 매일 만나를 먹이실 것이다. 다윗이 골리앗을 쓰러뜨릴 때 함께 하신 하나님께서 당신과도 함께 하실 것이다. 당신 앞에 나타날 골리앗을 두려워하지 마라. 당신도 다윗처럼 골리앗을 쓰러뜨릴 것이다.

4장

감사의 이유

감사의 이유

기독교인이라면 누구나 알고 있는 성경 구절이 있다. 바로 데살로니가전서 5장 18절이다. "범사에 감사하라 이것이 그리스도 예수 안에서 너희를 향하신 하나님의 뜻이니라." 범사에 감사하라고 했다고 해서 덮어놓고 무조건 감사하라는 것이 아니다. 범사에 감사해야 하지만 구체적으로 감사하는 이유를 가져야 한다. 왜 감사를 하는지 분명하게 알아야 한다는 말이다.

예를 들면, 시편 136편 1절에 "여호와께 감사하라 그는 선하시며 그인자하심이 영원함이로다"라는 말씀이 있다. 여호와께 감사하는 이유는 여호와의 선하심과 인자하심이다. 여호와의 선하심과 인자하심은 시편 136편 전체를 관통하는 감사의 이유이다. 몇 구절을 더 살펴보면알 수 있다. "해로 낮을 주관하게 하신 이에게 감사하라 그 인자하심이영원함이로다"(시 136:8), "홍해를 가르신 이에게 감사하라 그 인자하심이 영원함이로다"(시 136:13), "우리를 비천한 가운데에서도 기억해 주신이에게 감사하라 그 인자하심이 영원함이로다"(시 136:23).

또 다른 예를 들어보자. 바울은 디모데전서 1장 12절에서 감사를 고백한다. "나를 능하게 하신 그리스도 예수 우리 주께 내가 감사함은 나를 충성되이 여겨 내게 직분을 맡기심이니." 사도 바울이 감사하는 이유는 예수님께서 자기를 충성되이 여기시고 직분을 맡겨주셨기 때문이다. 바울은 교회 성도들 때문에 감사하기도 했다. 데살로니가후서 1장 3절이다. "형제들아 우리가 너희를 위하여 항상 하나님께 감사할지니 이것이 당연함은 너희의 믿음이 더욱 자라고 너희가 다 각기 서로 사랑함이 풍성함이니." 사도 바울이 여기서 당연히 감사할 이유로 꼽은 것은 데살로니가 교회 성도들이 믿음이 자라고 서로 사랑하는 것이 풍성해졌기 때문이다.

이렇게 우리가 감사를 드릴 때는 막연하게 감사드리는 것이 아니다. 혹은 무조건 "하나님 감사합니다" 하는 것도 아니다. 구체적으로 감사할 이유를 알고 감사를 드려야 한다. 그러면 기독교인이 감사할 이유는 어떤 것들이 있을까?

1. 구원하신 하나님의 은혜 때문에

주일에 교회에 가서 예배드리는 자리에 참석하는 사람 중 많은 사람이 구원의 확신이 없다. 하나님의 은혜와 사랑에 감각이 없다. 얼마나 크고 놀라운 은혜이며 사랑인지 알지 못한다. 자연히 구원하신 하나님의 은혜를 감사하지 못한다. 물론 교회 안에 들어와 있다는 것 자체로 소망이 있다. 하나님의 때가 되면 이들도 하나님께서 베푸신 구원의 은혜를 깨달을 것이기 때문이다.

구원을 확신하는 사람에게도 문제는 있다. 구원받은 사실에 감격과 감사가 사라졌다. 물론 처음에 하나님의 은혜와 사랑을 깨닫고 예수 그리스도를 구주로 영접할 때는 감사와 감격이 있었을 것이다. 오랜 시간이 흐르면서 감사와 감격이 희미해졌다. 이제는 구원의 은혜를 당연히 받을 것을 받은 것이라고 여긴다.

구원에 대한 감사를 잃어버리면 여러 가지 영적인 문제에 부딪힌다. 먼저 구원받은 하나님의 자녀라는 정체성의 혼란을 겪는다. 기독교인이라고 해서 세상에서 고난이나 환난이 없는 것이 아니다. 기독교인도 아플 수 있다. 사고를 당할 수 있다. 사람들과 다양한 갈등을 겪기도 한다. 어려운 문제를 겪을 때 내가 구원받은 하나님의 자녀라는 사실에 감사하는 마음은 하나님의 자녀라는 확실한 믿음 위에 굳건하게 서도록 한다. 구원에 대한 감사의 상실은 하나님의 사랑을 의심하게 만든다. 하나님의 섭리를 믿는 마음을 흔든다.

그러므로 하나님의 구원에 감사를 잃어버리면 안 된다. 구원에 대한 감사를 지속적으로 가지려면 종종 십자가를 묵상하는 것이 좋다. 나를 구원하려고 하나님께서 행하신 일들을 묵상해 보라. 하나님은 역사 속에서 계속 창세 전에 택하신 자들을 구원하시는 역사를 이끌어 오셨다. 이스라엘 민족의 역사를 통해서 그렇게 하셨다. 때가 찼을 때 (갈 4:4) 하나님께서는 사랑하는 아들 예수 그리스도를 보내셨다. 예수는 나의 죄를 두 어깨에 짊어지셨다. 하나님 앞에서 나 대신 죄인이 되셨다. 그리고 십자가에 매달리셨다. 6시간 동안 말로 다 할 수 없는 고통을 겪으셨다. 벌거벗겨지는 수치와 사람들의 조롱과 멸시를 털이 깎이는 양처럼 묵묵히 담당하셨다. 모든 고통과 수치를 참아내신 것이다.

모든 것이 하나님과 한 언약을 성취하시기 위함이었다. 택한 백성을 구원하시려는 하나님의 뜻을 성취해 드리기 위해서다. 가롯 유다가 대제사장들과 함께 큰 무리를 이끌고 예수님을 잡으러 왔을 때 베드로가 칼을 빼들고 저항했다. 베드로는 예수님을 지키려는 순수한 의도를 가지고 그랬을 것이다. 그러나 예수님은 이렇게 말씀하셨다. "네 칼을 도로 칼집에 꽂으라 칼을 가지는 자는 다 칼로 망하느니라 너는 내가 내 아버지께 구하여 지금 열두 군단 더 되는 천사를 보내시게 할 수 없는 줄로 아느냐 내가 만일 그렇게 하면 이런 일이 있으리라 한 성경이 어떻게 이루어지겠느냐"(마 26:52-54). 그래서 예수님은 조롱과 수치, 그리고 모든 육체적 고통과 하나님 아버지로부터 버림받는 고통을 다 참으셨다. 예수님은 십자가에서 뛰어 내려오지 않으셨다. 마지막까지 하나님의 뜻에 순종하셨다. 그리고 "다 이루었다"(요 19:30) 하고 돌아가셨다.

나는 죄인이었다. 무가치한 존재였다. 상투적인 표현이지만 마른 막대기만도 못하고 벌레만도 못한 존재였다. 반면에 예수 그리스도는 전 우주에서 가장 존귀한 분이시다. 그런 분이 나 같은 존재 때문에 낮아지고 멸시와 고통을 당하고 죽으셨다. 무엇 때문에 그렇게 하셨을까? 도대체 어떻게 이런 일이 일어날 수 있었을까? 사랑 때문이다. 하나님은 사랑이시다(요일 4:8). 그 사랑이 우리에게 나타난 것이다. "하나님의 사랑이 우리에게 이렇게 나타난바 되었으니 하나님이 자기의 독생자를 세상에 보내심은 그로 말미암아 우리를 살리려 하심이라 사랑은 여기 있으니 우리가 하나님을 사랑한 것이 아니요 하나님이 우리를 사랑하사 우리 죄를 속하기 위하여 화목제물로 그 아들을 보내셨음이라"(요일 4:9-10).

하나님의 사랑은 가장 큰 사랑이다. 가장 고귀한 사랑이다. 이 세상에 어떤 사랑보다 높은 사랑이다. 이사야 선지자는 "여인이 어찌 그 젖 먹는 자식을 잊겠으며 자기 태에서 난 아들을 긍휼히 여기지 않겠느냐 그들은 혹시 잊을지라도 나[여호와]는 너를 잊지 아니할 것이라"(사 49:15)고 선포했다. 구원받는 사람은 자신이 죄인임을 깨닫는다. 죄 때문에 하나님의 심판 앞에 두려워한다. 그리고 자신 속에 심판을 벗어날 수 있는 어떤 수단이나 방법이 없음을 알고 절망한다. 그러다가 하나님의 이 은혜와 사랑을 알게 된다. 하나님의 은혜와 사랑으로 죄를 용서받았고 하나님 자녀가 된 것을 확인한다. 구원에 대한 감사는 이렇게 하나님의 사랑과 은혜를 기억하며 내가 하나님의 자녀라는 사실을 끊임없이 확인시켜 준다. 그러므로 구원의 은혜에 감사하는 마음을 잊지 말아야 한다.

두 번째로 하나님의 구원에 감사와 감격이 사라지면 심령이 메말라 가뭄 속 논바닥처럼 갈라지기 시작한다. 마귀에게 공격할 틈을 준다. 마귀는 우리의 이런 영적 상태를 금방 눈치채고 공격을 해온다.

나는 한여름에 감기에 걸려서 한 달 내내 고생한 적이 있다. 눈이 쑤시듯 아프고 입맛이 없었다. 여름인데도 온몸이 으슬으슬 추웠다. 두통 때문에 책을 읽어도 내용이 머리에 들어오질 않았다. 무척 고통스러웠다. 여러 가지 면에서 활동에 제약을 받았다. 건강하면 당연히 누릴 수 있는 삶의 질을 빼앗겼다.

마찬가지로 마귀에게 공격당하면 얼굴에서 웃음이 사라진다. 작은 일에도 짜증이 난다. 삶이 무겁게 느껴진다. 입에서 찬양이 나오지 않는다. 기도하기 귀찮아진다. 예배드리기 싫어진다. 성경 말씀도 지겨워지고 하나님의 사랑이 의심스러워진다. 결국은 근심과 염려에 사로잡히고, 두려움에 떨고, 육신의 온갖 정욕에 의해 시험을 당하고, 불만과 불평이 퇴비처럼 쌓여간다. 그러다 보면 영적으로 미끄러지기 쉽다. 정상적인 삶의 궤도를 벗어나 죄를 짓고 하나님의 영광을 가릴 수 있다. 우리를 향한 하나님의 계획은 자연히 뒤로 밀려날 수밖에 없다. 하나님께서 나를 통해서 하실 일이 연기된다. 그러므로 구원하신 은혜를 잊지 말아야 한다. 구원하신 하나님을 향한 감사를 잃어버리지 말아야 한다.

2. 하나님의 자녀로 삼아 주신 은혜 때문에

하나님은 우리를 구원하신 후에 우리를 방치하지 않으셨다. 여러 가지 위험과 함정이 가득한 세상에 홀로 살도록 내버려 두지 않으셨다. 하나님께서는 우리를 하나님의 자녀로 삼으셨다. 예수 그리스도를 구주로 믿는 사람은 하나님의 자녀다. "[세상에 오신 빛을] 영접하는 자 곧 그 이름을 믿는 자들에게는 하나님의 자녀가 되는 권세를 주셨으니"(요 1:12). 기억하라. 예수를 영접하고 믿는 자는 하나님의 자녀다. 하나님의 자녀라는 신분을 깊이 생각해 본 적이 있는가. 온 우주의 창조주며 통치자인 전지전능하신 하나님의 자녀가 된 사실은 말로 다할 수 없는 영광이고 축복이고 특권이다. 우리는 당연히 하나님께 감사를 드려야 한다. 하나님의 자녀가 된 것은 어떤 축복과 영광이 있는가?

먼저, 하나님의 보호를 받는다.

부모가 당연히 자녀를 보호하는 것 같이 하나님께서도 자녀들을 보호하신다. 하나님의 자녀들이 사는 세상은 마귀가 권세를 잡고 있다. 마귀는 이 세상의 보이는 것과 보이지 않는 것을 조종할 힘이 있다. 마귀는 끊임없이 성도에게 불화살을 쏘아대고 있다. 하나님의 자녀들은 매일 매일 영적인 전투를 하고 있는 셈이다. 전쟁터를 상상해 보라. 총알이 날아다닌다. 여기저기서 포탄이 터지고 지축이 흔들린다. 포성과 폭발음은 귀청을 찢는듯하다. 화약 냄새가 코끝을 찌르고 들어온다. 여기저기 시체가 나뒹굴고 사람들이 비명을 지른다. 자칫 한순간에 목숨을 잃을 수 있는 상황이다. 하나님의 자녀들은 매일 영적으로 이런 전쟁터에 있는 것과 같다. 하나님의 보호가 없으면 우리는 살아남기 힘들다. 하나님이 총알을 막아 주신다. 포탄이 터지고 파편이 날아다니는 상황에서 하나님의 보호막이 우리를 둘러싸고 있는 것이다.

사도 베드로는 마귀가 우는 사자처럼 두루 다니며 우리를 삼키려고 한다(벧전 5:8)고 했다. 현대인 대부분은 맹수로서 사나운 사자를 경험한 적이 없다. 동물원에 가서 보는 사자는 더운 날씨에 낮잠을 자고 있거나 축 늘어져 어슬렁거릴 뿐이다. 그래서 먹이를 위협하는 사자가 주는 공포를 알지 못한다. 어두운 숲속에서 시퍼런 안광을 뿜어내며 달빛 아래 뾰족하고 무시무시한 이빨을 드러내고 으르렁거리면서 먹이를 노리고 달려드는 사자를 상상해 보라. 마귀가 그렇게 삼킬 자를 찾고 있다. 우리가 방심하면 언제든지 공격을 당할 수 있다. 우리는 이런 마귀의 공격을 막아낼 힘이 없다. 하나님께서 보호해 주셔야 한다.

마귀는 불화살을 쏜다. 마귀는 먹잇감을 공격하는 사자처럼 공포스럽고 위험하다. 그는 강하다. 우리는 힘과 지혜로 마귀를 이길 수 없다. 하나님이 우리를 보호하신다. 하나님 아버지는 마귀보다 더 강하다.

두 번째로 하나님께서는 자녀들의 필요를 공급하신다.

그러므로 하나님의 자녀라고 확신하는 사람은 무엇을 먹을까 무엇을 입을까 걱정할 필요가 없다. 예수님께서 산상수훈 중에 하신 말씀이다.

"그러므로 내가 너희에게 이르노니 목숨을 위하여 무엇을 먹을까 무엇을 마실까 몸을 위하여 무엇을 입을까 염려하지 말라 목숨이 음식보다 중하지 아니하며 몸이 의복보다 중하지 아니하냐 공중의 새를 보라 심지도 않고 거두지도 않고 창고에 모아들이지도 아니하되 너희 하늘 아버지께서 기르시나니 너희는 이것들보다 귀하지 아니하냐 너희 중에 누가 염려함으로 그 키를 한 자라도 더할 수 있겠느냐 또 너희가 어찌 의복을 위하여 염려하느냐 들의 백합화가 어떻게 자라는가 생각하여 보라 수고도 아니하고 길쌈도 아니하느니라 그러나 내가 너희에게 말하노니 솔로몬의 모든 영광으로도 입은 것이 이 꽃 하나만 같지 못하였느니라 오늘 있다가 내일 아궁이에 던져지는 들풀도 하나님이 이렇게 입히시거든 하물며 너희일까보냐 믿음이 작은 자들아 그러므로 염려하여 이르기를 무엇을 먹을까 무엇을 마실까 무엇을 입을까 하지 말라 이는 다 이방인들이 구하는 것이라 너희 하늘 아버지께서 이 모든 것이 너희에게 있어야 할 줄을 아시느니라"(마 6:25-32).

누구나 마찬가지겠지만 나 또한 어린 시절을 기억한다. 부유한 가정은 아니지만 부모님은 나와 남동생 여동생 삼 남매를 위하여 열심히 일하셨다. 우리의 필요를 채워 주셨다. 계절에 따라 옷을 사 입히셨다. 특별히 내가 어린 시절에는 추석빔, 설빔이라는 것이 있었다. 명절이 되면 부모님은 새 옷을 사 입혀 주셨다. 우리가 키가 자라고 몸이 커짐에 따라 언제나 맞는 옷을 사 입혀 주셨다. 그래서 나는 입을 옷을 걱정해 본 기억이 없다. 먹는 것도 마찬가지다. 배고팠던 기억이 없다. 부모님께서 배고프지 않게 먹여 주셨기 때문이다. 나의 부모님은 우리 삼 남매를 키우시며 우리에게 무엇이 필요한지 아셨던 것이다.

예수님께서도 공중을 나는 새를 먹이시고 들풀을 영광으로 입히시는 하늘 아버지께서 우리에게 무엇이 필요한지 다 아신다며 무엇을 먹을까 무엇을 마실까 무엇을 입을까 염려하지 말라고 하셨다. 그런 염려는 이방인들이 하는 것이라고 말씀하셨다. 하나님의 자녀라는 확신이 있는가? 그렇다면 공급해 주시는 하늘 아버지를 믿기만 하면 된다.

세 번째로 하나님의 자녀는 권세가 있다.

어떤 권세인가? 하나님의 보좌 앞에 언제라도 나가서 기도할 수 있는 권세다. 이것은 하나님의 자녀에게만 허락된 특별한 권세다. 왜냐하면 하나님께 기도하면 무엇이든지 응답해 주시겠다는 약속이 있기 때문이다. 먼저 예수님께서 기도에 관해 하신 말씀을 몇 군데 살펴보자.

① "너희가 기도할 때에 무엇이든지 믿고 구하는 것은 다 받으리라 하시니라"(마 21:22).

② "그러므로 내가 너희에게 말하노니 무엇이든지 기도하고 구하는 것은 받은 줄로 믿으라 그리하면 너희에게 그대로 되리라"(막 11:24).

③ "지금까지는 너희가 내 이름으로 아무것도 구하지 아니하였으나 구하라 그리하면 받으리니 너희 기쁨이 충만하리라"(요 16:24).

구약에도 기도의 권세와 약속에 관한 말씀이 있다. "일을 행하시는 여호와, 그것을 만들며 성취하시는 여호와, 그의 이름을 여호와라 하는 이가 이와 같이 이르시도다 너는 내게 부르짖으라 내가 네게 응답하겠고 네가 알지 못하는 크고 은밀한 일을 네게 보이리라"(렘 33:2, 3). 그리고 구약에는 수많은 기도와 응답이 기록되어 있다. 모세(민 21:7, 8), 한나(삼상 1:27, 2:1), 다윗(삼하 24:25), 솔로몬(왕상 8:54, 9:3), 히스기야(왕하 20:2, 5), 다니엘(단 9:4-19), 요나(욘 4:2) 같은 수많은 사람이 하나님께 기도하고 응답받았다.

신약에도 기도하라고 가르치고 명령하신 말씀이 많다. 특별히 사도 요한은 기도를 응답하시는 하나님에 대한 믿음을 고백한다. "그[하나님]를 향하여 우리가 가진 바 담대함이 이것이니 그의 뜻대로 무엇을 구하면 들으심이라 우리가 무엇이든지 구하는 바를 들으시는 줄을 안즉 우리가 그에게 구한 그것을 얻은 줄을 또한 아느니라"(요일 5:14-15). 기도는 하나님께서 자녀들에게 하신 약속이다. 성경은 하나님의 자녀인 우리가 기도하면 응답받을 것이라고 증언한다. 우리가 알지 못하는 크고 비밀한 일을 보게 될 것이라고 약속한다. 오직 하나님의 자녀들만 가진 권세이다.

넷째로 하나님의 자녀가 된다는 것은 영광이다.

온 우주의 왕의 자녀가 되는 것이다. 하나님은 하늘과 땅, 전 우주의 왕이시다. 통치자시다. 그의 자녀가 된다는 것은 말로 할 수 없는 영광이 아닐 수 없다. 하나님께서 모세를 통해 이스라엘 백성에게 하신 말씀이다. "여호와께서도 네게 말씀하신 대로 오늘 너를 그의 보배로운 백성이 되게 하시고 그의 모든 명령을 지키라 확언하셨느니라 그런즉 여호와께서 너를 그 지으신 모든 민족 위에 뛰어나게 하사 찬송과 명예와 영광을 삼으시고 그가 말씀하신 대로 너를 네 하나님 여호와의 성민이 되게 하시리라"(신 26:18, 19). "이스라엘이여 너는 행복한 사람이로다 여호와의 구원을 너같이 얻은 백성이 누구냐 그는 너를 돕는 방패시오 네 영광의 칼이시로다 네 대적이 네게 복종하리니 네가 그들의 높은 곳을 밟으리로다"(신 33:29).

사실, 이 땅에서는 하나님 자녀들의 영광이 온전히 드러나지 않는다. 그러나 장차 우리가 하나님 자녀로서 누릴 영광은 이 땅에서 겪는 그 어떤 고통이나 역경과 비교할 수 없는 것이다. "자녀이면 또한 상속자 곧 하나님의 상속자요 그리스도와 함께 한 상속자니 우리가 그와 함께 영광을 받기 위하여 고난도 함께 받아야 할 것이니라 생각하건 대 현재의 고난은 장차 우리에게 나타날 영광과 비교할 수 없도다"(롬 8:17, 18). 하나님의 자녀로서 누리는 하나님의 보호, 공급, 권세 그리고 영광을 깊이 생각해 보라. 하나님의 자녀라는 사실이 얼마나 감사한 일인가!

3. 성령님이 내주하시는 은혜 때문에

하나님 자녀는 이 세상에서 고아와 같지 않다. 예수님께서는 승천하시기 전 또 다른 보혜사를 약속하셨다. "내가 아버지께 구하겠으니 그가 또 다른 보혜사를 너희에게 주사 영원토록 너희와 함께 있게 하리니 … 내가 너희를 고아와 같이 버려두지 아니하고 너희에게로 오리라"(요 14:16, 18). 또 다른 보혜사는 성령님이시다.

약속하신 대로 예수님께서 승천하신 후, 오순절에 성령님이 오셨다. 성령님은 모든 믿는 자 안에 거하신다. 예수님은 성령님을 보혜사라고 하셨다. 그 뜻은 '상담자, 돕는 자, 변호사'와 같은 의미다. 즉 성도 안에 내주하시는 성령님은 성도가 이 세상에서 믿음으로 거룩하게 살고, 하나님의 뜻을 성취하고, 복음을 전할 수 있도록 도우신다.

좀 더 구체적으로 생각해 보자. 우선 우리가 구원받은 것이 성령의 역사인 것을 기억하자. 복음을 들었을 때, 예수 그리스도의 십자가와 부활을 믿을 수 있었던 것은 성령의 역사다. 십자가에서 내 죄를 짊어지고 죽으셨다가 부활하신 예수님이 나의 구원의 주가 되는 것이 믿어져서 예수님을 입으로 시인하고 마음속에 영접한 것도 성령의 역사다. 성령께서 내가 복음을 듣고 구원을 받기까지 그 모든 과정 가운데 일하신 것이다. 성령은 예수님을 믿는 모든 사람 속에 거하신다. 보혜사로서 성령은 믿는 자들을 도우신다. 먼저 성령님은 성경의 말씀을 가르치시고 깨닫게 하신다. 성경은 어떤 책인가?

모든 성경은 하나님의 감동을 받은 사람들이 기록한 하나님의 말씀이다. 성경은 약 2,000년에 걸쳐서 약 40여 명의 저자가 기록하였다. 성경이 완성된 후 또 2,000년이 흘렀다. 또한 성경이 기록되던 시대의 역사와 문화가 생소하다. 지금은 성경이 수많은 언어로 번역되었지만 최초에 성경을 기록한 언어도 현대인이 알지 못하는 언어다. 즉 성경과 현대인 사이를 가로막고 있는 커다란 간격이 있다. 성경이 신적인 책이라는 수직적인 차이가 있다. 2,000년이라는 시간의 간격, 다른 언어, 그리고 생소한 역사와 문화라는 수평적인 차이가 있다. 이 수평적인 차이는 성경 언어를 공부하고 역사학이나 고고학적 연구를 통해 극복할 수 있다.

그러나 성경을 이해하기 어렵게 하는 성경과 현대인 사이의 결정적인 차이는 성경이 하나님의 말씀이고 현대를 사는 우리는 한계를 가진 연약한 죄인에 불과하다는 사실에 있다. 성경과 나 사이에 감히 극복할 수 없는 수직적인 차이가 있는 것이다. 따라서 세상적인 지식과 경험이 많은 사람이라도 하나님의 말씀인 성경을 온전히 깨닫고 믿는 것은 불가능하다.

그래서 성경의 실제 저자이신 성령께서 조명해 주시는 은혜가 필요하다. 오직 성령께서 빛을 비춰주셔서 알게 하실 때만 말씀을 깨닫고 알 수 있다. "보혜사 곧 아버지께서 내 이름으로 보내실 성령 그가 너희에게 모든 것을 가르치고 내가 너희에게 말한 모든 것을 생각나게 하리라"(요 14:26). 사도 요한은 우리에게 기름 부음[성령의 내주]이 있다고 한다. "너희는 주께 받은바 기름 부음이 너희 안에 거하나니 아무도 너희를 가르칠 필요가 없고 오직 그의 기름 부음이 모든 것을 너희에게 가르치며 또 참되고 거짓이 없으니 너희를 가르치신 그대로 주 안에 거하라"(요일 2:27).

성령님께서 함께 하지 않으신다면 어떤 기독교인도 온전히 신앙을 지킬 수 없다. 성령께서 붙들어 주시지 않는다면 세상의 유혹에 넘어가서 죄를 범할 수밖에 없다. "육체의 소욕은 성령을 거스르고 성령은 육체를 거스르나니 이 둘이 서로 대적"(갈 5:17)한다. 따라서 성령 충만함으로 육체의 소욕을 이기지 못하면 죄에 빠질 수밖에 없다. 자신의 신앙도 무너뜨릴 수밖에 없지만 복음을 가로막는 사람이 되기에 십상이다.

또한 성령의 능력을 힘입지 않으면 하나님께서 주신 사역을 감당하는 것도 불가능하다. 기독교인으로서 삶과 사역은 오직 성령의 능력으로만 가능하기 때문이다. 육체의 힘으로도 사역하지 못한다. 지식과 경험으로 사역을 흉내 낼 수 있다. 그러나 단지 그뿐이다. 사역의 열매는 나타나지 않는다. 이것은 모든 기독교인에게 마찬가지다. 성령님의 역사 없이 하나님을 기쁘시게 해드릴 열매를 맺는 것은 불가능하다.

특별히 사역자는 성령님으로 말미암아 내적인 열매, 즉 인격적인 열매가 맺어져야 한다. 모든 기독교인의 삶에서도 마찬가지다. 그러나 사역자에게는 성령의 아홉 가지 열매를 맺느냐 그렇지 않느냐는 천지 차이다. 성령의 아홉 가지 열매는 사랑, 희락, 화평, 오래 참음, 자비, 양선, 충성, 온유, 절제(갈 5:22-23)이다. 이 열매를 맺지 않는 사람은 사역자든 평신도든 하나님의 영광과 복음 전파를 위하여 귀하게 쓰임받는 사역자가 되지 못한다. 그러므로 모든 기독교인은 성령님이 내 안에 내주하신다는 사실을 감사해야 한다.

4. 일상의 소소한 일조차 하나님의 은혜이기 때문에

인생을 엮어가는 씨줄과 날줄은 큰일, 큰 사건, 큰 사고 같은 것들이 아니다. 그런 큰일들은 어쩌다 만나는 것이다. 인생 베틀은 대부분 소소한 일상을 씨줄과 날줄 삼아 인생을 짜나간다. 일상의 소소한 일들은 없는 듯 있고 사소한 듯하지만 사실은 중요하다. 그러나 사람들은 일상을 소중하게 생각하지 않는다. 일상이 가져다주는 의미를 인식하지 못한다. 하루하루의 일상을 당연한 듯 살아간다. 그러나 소소한 일상은 굉장히 중요하다. 막상 그 소소한 일상이 불가능해질 때 소중함을 깨닫는다.

나는 2013년 초부터 허리에 통증을 느끼기 시작했다. 정자세로 앉아서 아들과 바둑을 두는데 허리가 아팠다. 교회에서 장의자에 똑바로 앉아서 기도할 때 허리가 불편해서 왼쪽 다리를 의자에 올리고 비스듬히 앉아야 편했다. 그러나 곧 괜찮아지겠지 하고 생각했다. 얼마간 시간이 지나서는 걸을 때 오른쪽 다리가 저렸다. 버스에서 내릴 때 오른쪽 무릎이 시큰할 때도 있었다. 그러다가 어느 날 아침에 일어났을 때 오른쪽 다리를 옮겨 놓을 수 없을 정도가 되었다. 정상적인 보행이 불가능하게 되었다. 병원에 가서 MRI를 찍어 본 결과, 척추 3번과 4번 사이 그리고 4번과 5번 사이가 협착되어 있었다. 척추 협착증이었다. 그리고 척추 세 군데에 디스크가 있었다. 괜찮아지겠지 괜찮아지겠지 하다가 이 지경까지 온 것이다. 상태가 이렇다 보니, 똑바로 서서 설교하거나 가르치기가 너무 힘들었다. 100미터를 한 번에 걷지 못하고 두세 번은 앉아서 쉬어야 했다. 거의 5년간 그런 고통에 시달렸다. 편하게 걸을 수 있는 것이 얼마나 감사한지 그때 깨달았다. 사람들을 보면 자연히 허리에 시선이 갔다. 운전하다가 건널목에서 신호 대기를 한 상태에서 사람들이 가볍게 걸어서 길을 건너는 모습을 보면 그렇게 부러울 수 없었다. 아내는 조영제 부작용으로 머리털이 다 빠져 가발을 쓴 적이 있었다. 더워서 고생하는 아내를 보며 여성들이 지나가면 머리를 자꾸 보게 되었다. 머리털이 있는 것이 얼마나 좋은 것인지, 얼마나 감사한 일인지 깨달았다.

그리고 보면 모든 것이 감사하다. 내 눈으로 만물을 볼 수 있다는 사실이 얼마나 감사한 일인가? 신학대학원 동기 목사님 가운데 앞을 못 보시는 분이 있다. 학교 다니는 동안 그분과 교제할 기회는 거의 없었다. 그러다가 십몇 년 전에 설악산에서 동창회를 한 적이 있다. 그때 시각장애인 목사님이 참석했다. 목사님은 청년 시절에 시력을 잃게 되었다고 했다. 그래서 사물에 대한 개념이 있었고 기억이 남아 있었다. 그분은 가끔 정말 보고 싶다고 했다.

아주 오래전에 어떤 장로님이 가자고 해서 시각장애인이 모여 사는 곳을 방문한 적이 있다. 그분들은 태어날 때부터 시각장애를 갖고 있었기 때문에 사물에 대한 개념이 없었다. 색깔에 대한 인식이 전혀 없었다. 하나님께서 창조하신 아름다운 세상을 보지 못하는 분들을 보며 안타까움을 안고 돌아왔었다.

하나님께서 창조하신 아름다운 세계를 볼 수 있는 것이 얼마나 감사한 일인가? 그뿐인가? 들을 수 있다는 것, 말할 수 있다는 것, 마음껏 맛있는 음식을 먹을 수 있다는 것, 손을 자유롭게 사용할 수 있다는 것, 가고 싶은 곳에 자유롭게 다닐 수 있다는 것같이 우리가 누리는 소소한 일상이 얼마나 감사한 일인지를 알아야 한다. 그리고 날마다 순간순간 하나님께 그것에 감사를 드려야 한다.

건강을 감사해야 한다. 지금 이 순간 나는 열 손가락이 정상적이고, 허리가 건강해져서 의자에 앉아 자판을 두드리며 이 글을 쓰고 있다는 사실이 감사하다. 일상의 소소한 일들에 감사를 놓치기 쉽다. 당연한 듯 받아들이기 때문이다. 그러나 우리가 누리는 일상의 삶이 결코 당연한 것이 아니다. 모두 다 하나님의 은혜다.

소진영 씨 작사 작곡의 〈은혜 아니면 살아갈 수가 없네〉라는 찬양이 있다.

은혜 아니면 살아갈 수가 없네. 호흡마저도 다 주의 것이니.

세상 평안과 위로 내게 없어도 예수 오직 예수뿐이네.

크신 계획 다 볼 수도 없고, 작은 고난에 지쳐도,

주께 묶인 나의 모든 삶 버티고 견디게 하시네.

은혜 아니면 살아갈 수가 없네. 나의 모든 것 다 주께 맡기니

참된 평안과 위로 내게 주신 주 예수 오직 예수뿐이네.

손경민 씨 작사 작곡의 〈은혜〉라는 찬양도 있다. 모든 것이 하나님의 은혜임을 말하는 가사가 마음에 와닿는다. 모든 것이 은혜임을 알

고 고백할 수 있는 사람은 이 찬양을 온 마음을 다해 부를 수밖에 없다.

1절) 내가 누려왔던 모든 것들이/ 내가 지나왔던 모든 시간이/ 내가 걸어왔던 모든 순간이/ 당연한 것 아니라 은혜였소/ 아침 해가 뜨고 저녁에 노을/ 봄의 꽃향기와 가을의 열매/ 변하는 계절의 모든 순간이 당연한 것 아니라 은혜였소

2절) 내가 이 땅에 태어나 사는 것/ 어린아이 시절과 지금까지/ 숨을 쉬며 살며 꿈을 꾸는 삶/ 당연한 것 아니라 은혜였소/ 내가 하나님의 자녀로 살며/ 오늘 찬양하고 예배하는 삶/ 복음을 전할 수 있는 축복이/ 당연한 것 아니라 은혜였소

후렴) 모든 것이 은혜 은혜 은혜 한없는 은혜/ 내 삶에 당연한 것 하나도 없었던 것을/ 모든 것이 은혜 은혜였소/ 모든 것이 은혜 은혜 은혜/ 한없는 은혜 내 삶에 당연한 것 하나도 없었던 것을/ 모든 것이 은혜 은혜였소/ 모든 것이 은혜 은혜였소/ 모든 것이 은혜 은혜였소/

모든 것이 은혜다. 이 찬양이 가사 한 절 한 절을 중심으로 하나님 앞에 고백한다. 이런 일상의 소소한 일들에 감사를 잃어버리지 말아야 한다. 범사에 감사하라는 말씀 앞에서 작은 일에 감사를 잊지 않았으면 좋겠다.

요즘은 이전에 없던 말들이 생겨나는데 말을 줄이는 경우가 많다. 영화배우 안성기 씨가 하는 광고에도 나오는 '갑분싸' 같은 말이다. 갑자기 분위기가 싸해진다는 뜻이다. 또 하나는 '소확행'이라는 말이다. '작지만 확실한 행복'이란 뜻이다. 한문을 이용한 신조어다. 기독교인은 작지만 일상의 확실한 행복 속에서 감사를 잃지 말아야 한다.

근래에 우리나라는 미세먼지로 골머리를 앓고 있다. 이전에는 봄만 되면 중국에서 날아오는 황사 때문에 시달린 적이 있다. 지금은 황사는 어디로 가고 미세먼지, 초미세먼지가 문제다. 아침에 일어나면 그날에 미세먼지 상태를 체크하는 것이 매일 첫 번째로 해야 할 일이 되었다. 미세먼지가 심한 날에는 외출이 꺼려진다. 맑은 공기를 마시고 사는 것을 당연하게 생각했는데, 인간의 어리석음은 환경을 망가뜨리다 못해 이젠 숨도 마음대로 쉴 수 없을 지경까지 와 버리고 말았다. 요즘 마시는 물이나 숨을 쉬는 공기에 대한 감사가 절로 나온다. 이 땅의 모든 생명체를 살아가게 하는 터전을 제공하는 모든 자연에 감사를 잊지 말아야 한다.

5. 고난과 역경조차도 하나님의 섭리가 있기 때문에

기독교인도 고난당할 수 있는가? 답부터 말하자면, 기독교인도 고난당할 수 있다. 이 부분을 오해하는 사람이 많다. 고난당하는 기독교인을 향해 "너는 하나님께서 보호해 주시는데 왜 그런 일을 당했어?" 하고 질문하는 사람이 있다. 아내가 갑상선 암 수술을 받고 몇 년 뒤에 딸이 유방암에 걸렸을 때, 어떤 사람이 나에게 이렇게 말했다. "목사님이고 기도도 많이 하실 텐데 왜 그런 일을 당하시죠?"

교회 안에 들어와 있는 사람들 가운데도 기독교인이 고난당하는 것을 이해하지 못하는 사람이 많다. 기복신앙을 설파하거나 번영신학을 주장하는 사람들의 영향이 크다고 생각한다. 이런 주장을 펴는 사람은 하나님을 믿으면 하나님께서 복을 주시고 모든 것이 다 잘 될 것이라고 가르친다. 하나님을 믿으면 지금보다 훨씬 성공할 것이고 크게 되어서 하나님께 영광을 돌릴 것이라는 식이다. 그래서 고난당하는 사람을 볼 때 욥의 친구들처럼 은근히 정죄하는 마음을 품는다. 기독교인도 아프고, 사고를 당하고, 뜻하지 않게 고난 가운데에 던져지기도 한다. 기독교인이 고난당하는 이유는 다양하다. 개인적으로 조심하지 않아서 사고를 당하거나 건강을 잃기도 한다.

대학시절 동기인 박미영(가명) 자매는 자동차 운전을 잘했다. 누구든지 운전이 능숙해지면 운전하면서 라디오를 켠다든지, 에어컨을 작동하거나 조절한다든지 하는 일을 한다. 아마도 운전자 대부분이 그럴 것이다. 그러나 사실 운전 중 이런 동작은 굉장히 위험하다. 동기 자매도 운전이 능숙했기 때문에 평상시 운전 중 그런 동작을 했다. 한번은 고속도로를 달리는데 차 안에 날벌레가 들어왔다. 운전하는데 거슬렸기 때문에 벌레를 잡으려고 했다. 운전하면서 그 정도는 얼마든지 할 수 있다고 생각했던 것이다. 그 행위는 4중 추돌 사고로 이어졌다. 차는 완전히 망가져서 폐차하였다. 다행히 박미영 자매는 많이 다치지 않았다. 정말 아찔한 일이었다.

이렇게 성도라도 어떤 일에 부주의하거나 어떤 규칙을 어기거나 자연법칙을 어길 때 큰일을 당하기도 한다. 추운 날씨에 얇은 옷을 입고 추위에 떨었다면 감기에 걸리는 것은 당연한 일이다. 등산 장비를 제대로 갖추지 않고 높고 험한 산에 오르면 스스로 위험한 상황으로 들어가는 것이다. 수영을 잘하지 못하는데 바다에서 수영을 하겠다는 것은 위험천만한 일 아닌가.

욥기를 읽어 보면 알 수 있듯이 성도에게는 항상 마귀의 공격이 있다. 하나님께서 특별한 섭리와 뜻을 가지고 사탄의 공격을 허용하신다. 욥이 처음에 자신이 왜 그런 고난을 당하는지 이해하지 못했듯이 성도들도 어떤 고난을 당했을 때 그 이유를 다 이해하지 못하는 경우가 많다. 그러나 고난이 찾아온다. 환난 가운데 던져진다. 성도라도 모든 이유를 어떻게 알 수 있겠는가.

연약한 성도들은 고난이 찾아오면 당황하고 두려워한다. 심지어 하나님을 원망하기 쉽다. 그들은 자기들이 잘못한 것이 없는데 왜 이런 일을 당했는지 모르겠다고 불평한다. 하나님께서 보호해 주시고 축복해 주셔서 잘 되기를 기대했기 때문에, 반대로 고난당하면 그들은 낙심하고 교회를 떠나 버린다. 결국에는 믿음을 버리는 경우도 참 많다. 참으로 안타까운 일이다.

성경은 예수님을 믿으면 만사형통한다고 가르치지 않는다. 기독교인에게는 고난도 없고 역경도 없다고 가르치지 않는다. 오히려 그 반대다. 성경은 기독교인에게도 많은 고난과 환난이 있음을 가르친다. 빌립보서 1장 29절 말씀이다. "그리스도를 위하여 너희에게 은혜를 주신 것은 다만 그를 믿을 뿐 아니라 또한 그를 위하여 고난도 받게 하려 하심이라." 성경 구절 하나를 더 소개한다면, 히브리서 11장 36-37절 말씀이다. "[믿음으로] 또 어떤 이들은 조롱과 채찍질뿐 아니라 결박과 옥에 갇히는 시련도 받았으며 돌로 치는 것과 톱으로 켜는 것과 시험과 칼로 죽임을 다하고 양과 염소의 가죽을 입고 유리하여 궁핍과 환난과 학대를 받았으니."

기독교 역사를 읽어 봐도 수많은 기독교인이 고난과 환난을 겪었고 순교하기까지 한 것을 알 수 있다. 지금도 믿음을 가진 많은 사람이 고난을 겪는다. 그들은 아프기도 하고 사고를 당하기도 하고 사랑하는 사람을 잃기도 한다. 하나님은 자기 백성인 성도들을 사랑하신다. 독생하신 아들 예수 그리스도를 십자가에 죽게 하고 그들을 구원하실 만큼 사랑하신다. 그런데도 자기 백성이 고난당하게 한다면 분명 하나님의 뜻과 섭리가 있는 것이다. 로마서 8장 28절은 모든 기독교인이 좋아하고 마음속에 새기고 있는 말씀이다. "우리가 알거니와 하나님을 사랑하는 자 곧 그의 뜻대로 부르심을 입은 자들에게는 모든 것이 합력하여 선을 이루느니라."

아름다운 무늬는 밝고 환한 색만으로 만들어지지 않는다. 어둡고 칙칙한 색도 있다. 두 종류 색이 조화를 이룰 때 아름다운 무늬를 만든다. 인생도 그렇다. 이런저런 일들, 좋은 일, 잘된 일과 어렵고 힘든 일, 나쁜 일도 함께 어우러져 인생을 아름답게 만든다. 하나님은 하나님 자녀들의 삶을 아름답게 해주시기를 원하신다. 그래서 인생 가운데 이런저런 일을 허락하신다.

고 옥한흠 목사는 《고통에는 뜻이 있다》라는 책을 썼다. 성도의 고통에는 하나님의 뜻이 있다는 말이다. 전적으로 동의한다. 시편 기자는 "고난당한 것이 내게 유익이라 이로 말미암아 내가 주의 율례를 배우게 되었나이다"(시 119:71) 하고 고백했다. 하나님은 성도들이 고통을 통해서 하나님의 말씀을 깨닫게 하신다. 하나님의 은혜와 사랑을 알게 하신다. 성도들의 믿음을 더 크고 강하게 하신다. 고등학교 시절 교회에서 학생회를 지도하신 전도사님이 고통은 변장하고 찾아오는 하나님의 축복이라고 설교하신 기억이 난다. 고난의 때에 하나님을 믿고 의지함으로 잘 견뎌내면 하나님께서 여러 가지 은혜를 주신다.

그러므로 기독교인은 고난과 역경조차 감사해야 한다. 그러면 하나님의 기적을 경험할 수 있다. 감사하는 성도는 마음에 평안을 얻는다. 고난과 역경을 헤쳐나갈 담대하고 강력한 믿음을 갖게 된다. 내 문제보다 더 크고 놀라우신 하나님을 볼 수 있기 때문이다. 결과적으로 감사를 통해서 모든 것을 합력해서 선을 이루시는 하나님을 경험할 수 있다.

5장

감사의 결과

감사의 결과

불가능해 보이거나 아주 어려워 보이는 일이 일어났을 때, 예를 들어 중한 병에서 살아났다거나 큰 교통사고에서 살아남았을 경우 사람들은 기적이 일어났다고 한다. 하나님이 행하시는 기적은 사람의 상상을 초월한다. 하나님의 기적은 과학적으로 설명이 불가능하다. 이성으로 납득할 수 없는 일이다. 하나님이 기적을 행하실 때는 자연법칙을 초월하기 때문이다.

하나님께서 감사를 받으실 때 기적을 행하신다. 믿음으로 감사를 드리면 기적을 경험할 수 있다. 하나님께서 부어 주시는 축복을 경험할 수 있다. 사도 바울은 "아무것도 염려하지 말고 다만 모든 일에 기도와 간구로, 너희 구할 것을 감사함으로 하나님께 아뢰라"(빌 4:6) 하고 충고한다. 하나님께 기도하지만 원망과 불평을 토하는 경우가 있다. 그것은 하나님 앞에 합당하지 않다. 하나님께 마음과 육체의 고통을 하소연할 수는 있다. 그러나 하나님을 향하여 원망과 불평을 쏟아 놓는다는 것은 하나님의 선하심과 사랑을 믿지 못한다는 말이다.

기도할 때 감사하는 마음으로 기도하는 것이 중요하다. 하나님은 전지전능하시며 사랑이시기 때문이다. 당장이라도 문제를 해결하실 수 있다. 병을 고치실 수 있다. 그리고 사랑하신다. 그런 분이 고난을 주고 계시다면 감히 이해할 수 없는 깊은 뜻과 섭리가 있지 않겠는가. 하나님을 신뢰하고 감사를 드려라. 기적을 경험할 것이다. 감사는 하나님께 아름다운 향기다. 감사의 제사를 받으시는 하나님은 영광을 받으신다. 그리고 기적을 행하신다. 감사하는 자가 경험할 하나님의 기적과 축복은 무엇인가?

1. 마음속에 평안이 생긴다

불안에 떨어본 적이 있는가? 견디기 힘든 일이다. 잠을 자지 못한다. 밥을 먹지 못한다. 먹는다 하더라도 소화가 잘되지 않는다. 일도 손에 잡히질 않는다. 불안하면 모든 것이 엉망진창이 된다. 불행해진다. 그래서 마음은 평안해야 한다. 아무리 돈이 많아도 마음이 평안해야 한다. 아무리 좋은 집에 살아도 마음이 평안해야 한다. 마음이 평안하지 않으면 어디에 있든지 그곳은 지옥이다.

사도 바울은 늘 평안을 비는 인사말로 그의 서신서를 시작한다. "하나님 우리 아버지와 주 예수 그리스도로부터 은혜와 평강이 있기를 원하노라"(고전 1:3), "우리 하나님 아버지와 주 예수 그리스도로부터 은혜와 평강이 있기를 원하노라"(갈 1:3), "골로새에 있는 성도들 곧 그리스도 안에서 신실한 형제들에게 편지하노니 우리 아버지 하나님으로부터 은혜와 평강이 너희에게 있을지어다"(골 1:2), "사랑하는 아들 디모데에게 편지하노니 하나님 아버지와 그리스도 예수 우리 주께로부터 은혜와 긍휼과 평강이 네게 있을지어다"(딤후 1:2).

이외의 다른 서신서에서도 바울의 인사말은 대동소이(大同小異)하다. 무엇을 의미하는가? 사람은 마음의 평안이 중요하단 말이다. 그런데 평안이 어떻게 생기는가? 평안을 백번쯤 외치면 평안해질까? 마음의 수양을 쌓으면 평안을 얻을까? 물론 이런 방식으로 일시적인 평안을 얻을지 모른다. 그러나 그런 평안은 오래가지 못한다. 환경이나 상황이 바뀌면 마음에 평안은 다시 깨지기 십상이다. 세상이 주는 평안은 영원하지 않다.

사도 바울이 그의 서신에서 말한 것처럼 하나님과 예수 그리스도에게서 오는 평안이 진짜 평안이다. 예수님이 말씀하셨다. "평안을 너희에게 끼치노니 곧 나의 평안을 너희에게 주노라 내가 너희에게 주는 것은 세상이 주는 것과 같지 아니하니라"(요 14:27). 하나님과 예수님으로부터 오는 평안은 세상이 주는 평안과 다르다. 세상이 주는 평안은 조건적이고 일시적이다. 조건이 사라지거나 변하면 평안도 사라진다. 하나님과 예수 그리스도로부터 오는 평안은 조건과 환경을 초월한다. 영원하다.

우리가 감사할 때 바로 이런 평안을 누린다. 감사는 내 삶의 모든 것을 하나님께 맡기는 가운데서 나오기 때문이다. 하나님은 삶의 주인이다. 내가 갖고 있는 모든 것이 하나님한테서 온 것이다. 하나님은 나의 모든 것을 아신다. 지금 내 삶이 얼마나 고통스러운지, 얼마나 외롭고 힘든지, 얼마나 지쳤는지 모두 다 아신다. 그러므로 감사한다는 것은 그 모든 것을 하나님께 맡기고 그분이 하실 일에 전적인 신뢰를 고백하는 것이다. 그래서 감사는 평안을 가져온다. "그리하면[감사함으로 하나님께 아뢰면] 모든 지각에 뛰어난 하나님의 평강이 그리스도 예수 안에서 너희 마음과 생각을 지키시리라"(빌 4:7).

처음 딸에게 암이 재발했다는 소식을 접했을 때 나는 두려웠다. 재발이기 때문에 더욱 절망했다. 그러나 하나님이 일하시는 것을 믿으며 감사했을 때 마음이 평안해지기 시작했다. 그때부터 울지 않았다. 아내도 그랬다. 딸도 그랬다. 우리는 더 이상 슬퍼하지 않았다. 우리는 하나님이 주시는 평안을 경험했다. 그러다가 또 한 번 평안을 잃을 뻔한 위기가 있었다. 암이 재발하고 몇 개월 후, 주일에 처형이 우리 교회에 와서 같이 예배를 드렸다. 오후 예배를 드릴 때 우리는 삶을 나누고 기도하는 시간을 갖는다. 그때 처형이 딸이 한 말을 전했다. "엄마가 걱정할까 봐 말을 못했는데, 뼈가 아프다. 골반도 아프고 손가락 끝에도 고통이 느껴진다."

나는 내심 놀랐다. 일시적으로 마음이 흔들렸다. 마음속에 두려움의 파도가 밀려왔다. 나중에 알고 보니 아내도 그랬다고 한다. 아내는 훨씬 큰 충격을 받았다고 했다. 그 후 다시 주일 오후 예배를 드릴 때에 삶을 나누면서 아내는 통곡이 터져 나오는 것을 간신히 참았다고 했다. 정신을 차리고 믿음으로 하나님께 감사를 드렸더니 하나님께서 자기 마음에 평안을 주셨다고 간증했다. 할렐루야!

평안은 하나님이 주시는 축복이다. 평안은 마음속에 일어나는 하나님의 기적이다. 하나님이 주시는 평안은 모든 것을 초월한다. 이 땅에서 일어나는 그 어떤 일도, 사람이 경험할 수 있는 어떤 고난도 하나님이 주시는 평안을 집어삼키지 못한다. 오히려 평안이 그런 것들을 밟고 일어서게 만든다. 그러기에 하나님이 주시는 평안은 기적이다.

감사는 평안의 기적을 만든다. 그리고 평안은 어려움을 극복하는 힘을 준다. 평안은 마음속의 무질서를 질서 있게 한다. 평안은 흔들리는 마음을 붙잡는다. 평안은 아픔을 걷어간다. 평안은 상처를 치료한다. 평안은 긍정적이 되게 한다. 평안은 하나님의 약속을 기억하고 소망을 갖게 한다. 평안은 빛이 어둠을 몰아내듯이 마음속에서 미움을 몰아낸다. 평안은 원수를 사랑하게 한다. 평안은 땅이 아니라 하늘을 보게 한다. 감사가 감사하는 심령에 이런 놀라운 일들을 일어나게 한다.

2. 기쁨이 충만해진다

현대인은 기쁘다는 표현을 잘 쓰지 않는다. '기쁘다'보다는 그냥 '정말 좋다'라고 하든지 '행복하다' 혹은 '잘 되었어'처럼 표현한다. '정말 기쁘다', '기쁨이 충만하다' 같은 표현을 사용한 적이 있는가. 생각이 잘 안 날 것이다. 기쁨은 영어로 '죠이(Joy)'라고 하는데, 행복과는 의미가 다르다. 사람들이 행복하다고 느끼거나 말할 때는 자기가 원하는 것이 흡족하게 되었을 때다. 가령 꿈에 그리던 이상형의 배우자를 만났거나, 고생고생해서 마침내 자기 집을 샀거나, 원하는 대학에 합격했거나, 직장에서 각고의 노력 끝에 마침내 승진하는 경우다.

그런데 인생이 그렇게 생각대로 되지 않는다. 마음먹은 대로 술술 풀리지 않는다. 그러다 보니 현대인 중에 행복하다고 느끼는 사람은 많지 않다. 또는 지금은 행복하다고 느껴도 상황이나 조건이 바뀌면 행복한 마음이 사라지고 만다. 인생은 늘 변하기 마련이다. 오늘 좋은 환경이 바뀔 수 있다. 오늘 좋았던 건강이 나빠지기도 한다. 오늘 완벽한 삶의 조건이 내일은 망가질지 모른다. 현재의 좋은 상황이 바뀌면 행복감도 같이 사라진다.

그러나 '죠이(Joy)' 즉 기쁨은 행복감과 다르다. 기쁨의 뿌리는 이 세상의 어떤 조건에 있지 않다. 기쁨은 하나님께서 예수 그리스도를 통해서 하신 일에 뿌리를 내리고 있다. 하나님께서 하신 일은 진리이고 생명이다. 이것은 절대로 변하지 않는다. 따라서 기쁨은 변하지 않고 흔들리지 않는다. 삶의 조건이나 환경이 어떻게 변하든지 기쁨은 사라지거나 달라지지 않는다.

워렌 위어스비(Warren W. Wiersbe) 목사는 그의 빌립보서 강해서 《기뻐하라(Be Joyful)》에서 기쁨을 증진하는 방법을 제시한다. 그는 기쁨을 의미하는 영어 단어 'JOY'에서 첫 철자인 J는 예수님(Jesus)을 의미하고, 두 번째 철자인 O는 다른 사람들(Others)을 의미하고, Y는 당신(You)을 의미한다고 하면서, 어떤 환경이나 조건에서건 제일 먼저 예수님을 생각하고, 두 번째는 다른 사람을 생각하고, 마지막으로 자기 자신을 생각하면 기쁨이 점점 충만해질 것이라고 했다.

전적으로 동의한다. 먼저 예수님께서 당신을 위해서 하신 일을 생각해 보라. 당신은 죄인이었다. 거룩하신 예수님과 비교할 수 없는 신분이었다. 그런데 예수님께서 당신을 위해 십자가에서 죽으셨다. 그리고 삼 일 후에 죽음의 권세를 이기시고 부활하셨다. 예수님은 죄인으로서 아무 소망도 없었고 오직 영원히 멸망할 일만 남아 있는 당신의 삶과 운명을 완전히 바꿔 놓으셨다. 어떻게 이런 일이 일어날 수 있었을까?

사랑이다. 사랑 말고는 원인이나 이유를 찾을 수 없다. 예수님은 기꺼이 하나님의 뜻을 따라 자신을 주셨다. 그리고 자신과 함께 모든 것을 주시길 기뻐하신다. 사도 바울의 말이다. "우리 주 예수 그리스도의 은혜를 너희가 알거니와 부요하신 이로서 너희를 위하여 가난하게 되심은 그의 가난함으로 말미암아 너희를 부요하게 하려 하심이라"(고후 8:9).

점점 더 큰 기쁨을 누리기를 원한다면 예수님 다음에 다른 사람을 생각하는 것이다. 사실 아담의 범죄로 인해 하나님 앞에 죄인이 된 사람은 이기적인 존재다. 신학대학원에 다닐 때, 한 교수님이 인간의 죄를 설명하면서 자신의 자녀들 이야기를 했다. 교수님 얘기는 대강 이렇다. "나는 아이들에게 더 많이 먹기 위해 서로 싸우라고 가르친 적이 한 번도 없다. 그런데 아이들은 과자를 한 개라도 더 먹겠다고, 사탕을 한 개라도 더 먹겠다고 싸운다. 그런 걸 보면 사람은 죄 아래에서 태어나서 죄인인 것이 맞다."

예수님은 하나님을 사랑하는 것이 크고 첫째 되는 계명이고 둘째도 그와 같은데 이웃을 내 몸과 같이 사랑하는 것(마 22:37-39)이라고 하셨다. 또한 "내 계명은 곧 내가 너희를 사랑한 것 같이 너희도 서로 사랑하라 하는 이것이니라 사람이 친구를 위하여 자기 목숨을 버리면 이보다 더 큰 사랑이 없나니"(요 15:12-13)라고 말씀하셨다. 그리고 예수님은 자신이 말씀하신 대로 자신을 위해서가 아니라 우리를 구원하기 위해 십자가에서 죽으셨다. 우리를 사랑하기 때문이다.

예수님께서 십자가 위에서 죽으심으로 하신 일을 아는 사람은 다른 사람을 사랑한다. 이기적인 존재가 이타적인 존재가 된다. 놀라운 일이다. 사람이 윤리 도덕을 배워서 되는 일이 아니다. 신적인 사랑을 경험한 사람 속에 일어나는 일이다. 그래서 진심으로 다른 이들을 섬긴다. 다른 사람을 생각할 때 예수님께서 저 사람을 위해서 죽으실 정도로 사랑하시는 존재라는 사실을 깨닫게 되기 때문이다.

십자가를 통한 신적인 사랑을 경험한 사람은 예수님을 가장 먼저 생각하고 그다음에 다른 사람을 생각하고 마지막으로 자기 자신을 생각한다. 이런 사람은 자신을 스스로 비하하지 않는다. 도리어 자신에게 긍정적이 된다. 하나님의 사랑을 받는 존재로서의 자신을 바라본다.

언제나 가장 먼저 예수님을 생각하는 사람은 자신보다 먼저 다른 사람을 생각하고 자신도 하나님의 사랑받는 존재로서 인식한다. 그러면 그의 심령에는 감사가 흐른다. 모든 것이 아름답게 보인다. 모든 일을 긍정적으로 본다. 믿음의 안경으로 세상을 본다. 그래서 마음속에 감사가 생긴다. 감사는 기쁨을 솟아나게 하는 원천이다. 험한 세상에서 기쁨을 누리고 기쁨을 잃어버리지 않으면 그것은 기적이고 축복이다. 마음속에 넘치는 기쁨은 얼굴에 그대로 드러난다.

미주(美州) 중앙일보에 얼굴의 우리말 뜻이 실린 적이 있다. 그 신문기사에 따르면, "얼굴은 얼(魂)이 들어 있는 굴(窟)"이라고 한다. 얼은 영혼이고 굴은 통로이다. 그래서 얼굴에는 사람의 마음 상태가 그대로 나타난다. 사람의 얼굴을 보면 그 사람이 평안한지, 기쁜지 아니면 화가 났는지, 슬픈지 혹은 걱정거리가 있는지 모두 알 수 있다. 심령에 기쁨이 충만할 때 얼굴을 통해서 나타난다.

기쁨은 전염성이 있다. 다른 사람에게 옮겨간다. 기쁨으로 인해 환하고 웃는 얼굴은 다른 사람에게도 영향을 준다. 물론 좋은 영향이다. 기쁨이 넘치는 사람이 옆에 있으면 덩달아 기분이 좋아지는 것이다. 한번 생각해 보라. 언제나 우울하고 불평과 불만이 가득한 사람, 늘 슬퍼하는 사람과 함께 있고 싶은가, 아니면 밝고 명랑하고 항상 웃는 얼굴을 하고 기쁨이 있는 사람과 함께 있고 싶은가? 당연히 기쁨이 있는 사람과 함께 있고 싶을 것이다.

그러므로 기쁨은 다른 사람도 살리는 기적을 일으킨다. 감사를 통해서 기쁨이 충만해지면 나 자신뿐만 아니라 주위에 있는 다른 사람도 살리는 놀라운 일이 일어난다. '행복 바이러스'라는 말이 있다. 기독교인은 '기쁨 바이러스'라는 표현이 더 잘 어울린다. 감사함으로 기쁨 바이러스를 옮기는 사람이 되면 얼마나 좋겠는가.

억지로 웃지는 못한다. 고난 한가운데에 있고, 걱정과 두려움이 짓누르는데 어떻게 웃겠는가? 세상적인 상식으로는 불가능하다. 그러나 감사하는 사람에게는 가능하다. 감사는 믿음의 표현이며 하나님께 올라가는 향기다. 하나님을 영화롭게 하고 기쁘시게 한다. 하나님은 감사하는 믿음의 사람에게 기적을 행하신다. 기적의 시작은 기쁨을 회복하는 것이다. 심령에 하나님이 주시는 기쁨이 생기면 기쁨은 고난을 뚫고 나가는 에너지를 공급한다.

3. 하나님이 형편과 상황을 바꾸신다

하나님이 형편과 상황을 바꾸신다는 말은 기적이 일어난다는 말이다. 기적은 상식과 경험, 때로는 자연법칙도 초월하는 것이다. 그러기에 기적은 하나님이 개입하실 때 일어난다. 오직 전능하신 하나님만 상식과 경험을 초월하고 자연법칙을 뛰어넘는 일을 행하시기 때문이다. 하나님은 다 하실 수 있다. 하나님에게는 불가능한 것이 없다. 하나님이 말씀하시면 다 이루어진다. 하나님이 하고자 하면 어떤 일이라도 하실 수 있다. 그러면 하나님은 언제 기적을 행하실까? 성경에서 하나님이 기적을 행하신 경우를 살펴보자. 크게 세 가지 정도로 나눠 볼 수 있다.

첫째는 하나님이 택한 백성을 구원(영적인 구원과 고난에서 구원)하시는 일을 성취하기 위해 필요할 때 기적을 행하셨다. 아브라함과 사라가 늙어서 아기를 가질 수 없었을 때, 하나님은 경수가 끊어져서 아기를 잉태할 수 없는 사라의 몸에 이삭이 잉태되게 하셨다.

사도 바울은 이 일을 로마서에 썼다. "아브라함이 바랄 수 없는 중에 바라고 믿었으니 이는 네 후손이 이 같으리라 하신 말씀대로 많은 민족의 조상이 되게 하려 하심이라 그가 백세나 되어 자기 몸이 죽은 것 같고 사라의 태가 죽은 것 같음을 알고도 믿음이 약하여지지 아니하고 믿음이 없어 하나님의 약속을 의심하지 않고 믿음으로 견고하여져서 하나님께 영광을 돌리며 약속하신 그것을 또한 능히 이루실 줄을 확신하였으니"(롬 4:18-21). 하나님이 아브라함에게 아들을 주시겠다고 약속하셨다. 약속을 이루기 위해 기적이 필요했다. 하나님은 아브라함이 바랄 수 없는 중에 바라고 믿어서 아들을 갖도록 하신 것이다.

둘째는 하나님이 자신의 영광을 드러내고자 하실 때 기적을 행하신다. 하나님에게 하나님의 영광만큼 중요한 것은 없다. 하나님은 자기 백성을 사랑하시며 모든 것을 주시기를 기뻐하신다. 하지만 자신의 영광은 그 누구에게도 주지 않으신다. "나는 여호와니 이는 내 이름이라 나는 내 영광을 다른 자에게, 내 찬송을 우상에게 주지 아니하리라"(사 42:8). 그렇기에 하나님은 자신의 영광을 나타내려고 기적을 행하신다. 이 경우 하나님의 백성을 구원하는 일과 관련 있을 때가 많다.

이스라엘 백성이 출애굽 해서 홍해 앞까지 왔다. 바로는 마병과 철병거가 있는 군대를 이끌고 이스라엘을 쫓아왔다. 이스라엘은 광야에서 독 안에 든 쥐같이 되었다. 이스라엘 백성은 광야에서 죽게 되었다고 하면서 하나님과 모세를 원망했다. 그러나 이때 모세는 이스라엘 백성에게 "여호와께서 너희를 위하여 싸우시리니 너희는 가만히 있을지어다"(출 14:14)라고 말했다. 그때 여호와께서 모세에게 말씀하셨다.

"여호와께서 모세에게 이르시되 너는 어찌하여 내게 부르짖느냐 이스라엘 자손에게 명령하여 앞으로 나아가게 하고 지팡이를 들고 손을 바다 위로 내밀어 그것이 갈라지게 하라 이스라엘 자손이 바다 가운데서 마른 땅으로 행하리라 내가 애굽 사람들의 마음을 완악하게 할 것인즉 그들이 그 뒤를 따라 들어갈 것이라 내가 바로와 그의 모든 군대와 그의 병거와 마병으로 말미암아 영광을 얻으리니 내가 바로와 그의 병거와 마병으로 말미암아 영광을 얻을 때에야 애굽 사람들이 나를 여호와인 줄을 알리라 하시더니"(출 14:15-18).

셋째는 하나님의 자녀들이 믿음을 가지도록 하려고 기적을 행하신다. 신약에는 이런 이유 때문에 예수님이 행하신 기적이 많이 기록되어 있다. 예수님이 행하신 첫 번째 기적은 가나의 혼인 잔칫집에서 물로 포도주를 만든 일이다. 요한복음 2장 11절에는 이렇게 기록되어 있다. "예수께서 이 첫 표적을 갈릴리 가나에서 행하여 그의 영광을 나타내시매 제자들이 그를 믿으니라." 요한복음은 이 외에도 베데스다 연못에서 38년 된 병자를 고치신 일(요 5:1-9), 오병이어의 기적을 행하신 일(요 6:1-13), 죽은 나사로를 살리신 일(요 11:17-44)과 같이 예수님께서 행하신 여러 기적과 표적을 기록하였다.

사도 요한은 자신이 예수님께서 행하신 이런 표적과 기적을 기록한 목적을 밝혔다. 요한복음 20장 30-31절이다. "예수께서 제자들 앞에서 이 책에 기록되지 아니한 다른 표적[기적]도 많이 행하셨으나 오직 이것을 기록함은 너희로 예수께서 하나님의 아들 그리스도이심을 믿게 하려 함이요 또 너희로 믿고 그 이름을 힘입어 생명을 얻게 하려 함이니라."

성도가 하나님께 감사를 드릴 때 하나님께서 기적을 행하신다. 모든 기적이 그렇다. 즉 감사를 드릴 때 그것은 이미 말한 대로 믿음의 정수다. 가장 높은 수준의 믿음을 고백하는 것이다. 그러므로 감사를 드릴 때 하나님께서는 기뻐하시고 영광을 받으신다. 뿐만 아니라 기적을 행하셔서 자기 백성을 구원하신다.

1) 절망적인 육체의 질병이 치유된다

내 딸은 유방암이 겨드랑이 임파선과 골반 뼈에 전이되어 재발되었다. 의사 말은 절망적이었다. 앞으로 3년 살 수 있다고 했다. 딸은 처음에는 울었다. 하나님을 믿는 우리에게 매달리고 의지할 분은 오직 하나님뿐이었다. 딸은 하나님을 의지하기 시작했다. 하나님께서 딸에게 은혜를 주시기 시작했다. 다음은 암이 재발되고 약 3개월이 지났을 무렵, 딸이 주일 오전 예배 때에 교회 앞에서 간증한 내용이다. 간증문 그대로 옮긴다.

우리 교회에서 성경도 가장 모르고 믿음도 없던 제가 부끄럽지만 성도님들 앞에서 제 이야기를 해보겠습니다. 먼저 저는 목회자 자녀로서 모태신앙이었습니다. 믿는 것도 믿지 않는 것도 아니었습니다. 예수님의 십자가 사랑을 그냥 당연한 것처럼 생각했습니다. 항상 듣고 자랐기 때문에요. 하지만 저에게 시련이 찾아옴으로써 제가 달라지게 됐습니다.

우선 담임 목사 딸이 두 번이나 암에 걸려도 절대 시험에 들지 않으신 성도님들께 감사합니다. 저는 주께서 주신 이 상황 속에서 감사함으로 기도하고 있습니다. 주께서 저에게 하나님만 의지하게 하셨고 간절하게 하셨고 회개하게 하셨습니다. 교만으로만 가득 찼던 제가 십자가, 주 예수님의 십자가 사랑 말고는 자랑할 것이 없게 하셨습니다. 저는 여러분 앞에서 저의 약함을 자랑합니다. 교만했던 제가 아프고 나서야 주님 사랑을 깨닫게 되었습니다. 살려달라는 "주님 살려 주세요." 하는 기도보다는 그 사랑 감사하는 기도들만 제 입에서 나왔고, 항상 은혜가 충만하게 하사 죽음에 대한 두려움도 사라지게 하셨습니다.

얼마 전에 저는 난소를 절제하는 수술을 받았습니다. 여태까지 몇 번 수술을 받으며 수술실에 들어갔지만 울지 않은 적은 이번이 처음이었습니다. 오로지 제 마음속에는 찬양과 주님께서 주신 평안만이 있었습니다. 수술실에서 나와서 눈을 뜨니 갑자기 심각한 흉부 통증이 있었습니다. 의사, 간호사들이 뛰어 왔지만 심장을 쥐어짜는 통증이 멈추지 않았습니다. 그때 주께서 제 입에서 찬양이 나오게 하셨습니다. "예수는 나의 힘이요 예수는 나의 생명이라 예수는 나의 참 기쁨 참 소망 예수는 나의 꿈이라."

이 찬송을 부르자 제 통증이 점점 멎었고 믿지 않던 제 남편이 그 상황 속에서도 찬송하는 저를 보고 예수님을 믿겠다고 저와 약속을 했습니다. 제가 느끼는 주님의 은혜가 얼마나 큰지 성경을 읽다가도 그 은혜에 감사하여 눈물이 펑펑 나고 찬송을 부르며 설거지를 하다고 영생 얻은 그 기쁨에 혼자 춤을 춥니다.

4기 암 환자인 저를 불쌍하다고 생각하시나요? 아니요. 저는 이 고통이 찾아오지 않았다면 주님 은혜, 이 깨달음, 놀라우신 하나님의 사랑을 깨닫지도 못한 채 죽었을 거예요. 지금이라도 알게 하신 아버지께 감사하며, 지금 내가 죽어도 두렵지 않은 이유는 저는 죽으면 하늘에 계신 내 아버지 품으로 가기 때문입니다. 이 믿음이 저를 담대하게 하고 끝없이 감사드리게 합니다.

저를 위해서 기도해 주시고 제가 불쌍해서는 울지 마시고 오직 저를 깨닫게 하신 하나님 은혜에 감사하며 울어주세요. "그 두려움이 변하여 내 기도 되었고 전날에 한숨 변하여 내 노래되었네." 주님께서 주신 것 중에 감사하지 않은 것은 하나도 없습니다. 질병까지도요. 처음에는 눈먼 나를 볼 수 있게 하고 깨닫게 하신 은혜에 대한 감사 기도만 하였지만 이제는 주 앞에 구체적으로 저를 살려 달라고 기도드리고 있습니다. 저를 통해 기적을 보이사 주님 영광 나타내시고 내가 주님 살아계심의 증인이 되게 해달라고요. 또 제가 이제야 깨달은 죄 많은 제가 주님 일에 쓰이게 해달라고 기도드리고 있습니다. 그러니 저와 함께 주님께서 보이실 기적을 기대해 주시고 기도해 주세요. 지금도 하나님 우편에서 날 위해 기도하고 계신 예수님, 또 날 위해 간구하고 계시는 성령님을 찬양합니다.

또한 매주 저와 함께 주 앞에 진심으로 예배드리시는 성도님들께 감사합니다. 우리는 원래 세상에 속한 사람들이 아닙니다. 하늘에 속한 사람들입니다. 이 사실을 알면 죽음도 두렵지 않게 됩니다. 이 세상 그 어떤 것도 나를 향한 예수님의 사랑을 끊을 수 없습니다. 모두들 주님 사랑 안에서 평안하시고 성령 충만하시길 바랍니다.

'나의 갈길 다가도록 예수 인도하시니 그의 사랑 어찌 큰지 말로 할 수 없도다/ 성령 감화 받은 영혼 하늘나라 갈 때에 영영 부를 나의 찬송 예수 인도하셨네'(2X).

딸은 암 재발 확인 후 3개월이 지났을 때 암 상태를 체크하기 위해 CT 촬영을 했다. 겨드랑이 밑 임파선에서 재발한 암은 0.65cm이었는데 반 가까이 줄어들어 있었다. 그리고 골반 뼈에 재발한 암은 6.5cm 크기의 까만 반점으로 보였던 것인데 까맣던 색이 흐려졌다. 딸의 몸에서 암세포가 사라지고 있다는 반증이었다. 할렐루야! 하나님께서 딸을 치유하고 계셨다. 할렐루야, 할렐루야!!! 처음에 재발 소식에 그리고 의사들의 절망적인 말 때문에 일시적으로 절망했던 때를 생각하면 하나님께서 놀라운 은혜를 베풀고 계시다는 생각에 더욱 감사를 드린다. 하나님은 감사하는 믿음과 신앙 위에 기적을 만들어 가고 계셨다.

2) 다른 사람의 마음조차 움직이신다

느헤미야는 바벨론에 포로로 잡혀간 사람이다. 그는 아닥사스다 왕의 최측근에서 술잔을 올리며 왕을 모시는 관원이었다. 어느 날 느헤미야는 유다에서 막 도착한 하나니와 그와 함께한 두어 사람에게서 유다와 예루살렘에 대한 소식을 전해 들었다. 남은 사람들이 큰 환난을 당하고 능욕을 받았으며 예루살렘 성은 허물어지고 성문들이 다 불에 탔다는 소식이었다.

느헤미야는 근심과 걱정에 사로잡히고 말았다. 왕 앞에서조차 그의 얼굴에 드리워진 수심을 감추지 못했다. 전에 없던 일이기에 왕은 느헤미야에게 근심이 있는 것을 알아차렸다. 연유를 묻는 왕에게 느헤미야는 예루살렘의 형편을 말했다. 왕이 느헤미야에게 물었다. "그러면 네가 무엇을 원하느냐"(느 2:4). 느헤미야는 잠시 하나님께 묵도하고 왕에게 말씀을 올렸다. "왕이 만일 좋게 여기시고 종이 왕의 목전에서 은혜를 얻었사오면 나를 유다 땅 나의 조상들의 묘실이 있는 성읍에 보내어 그 성을 건축하게 하옵소서"(느 2:5).

아닥사스다 왕은 좋게 여기고 얼마나 걸릴지를 물었다. 느헤미야는 돌아올 날짜를 정했다. 그리고 왕에게 한 가지 청을 더했다. "왕이 만일 좋게 여기시거든 강 서쪽 총독들에게 내리시는 조서를 내게 주사 그들이 나를 용납하여 유다에 들어가기까지 통과하게 하시고 또 왕의 삼림 감독 아삽에게 조서를 내리사 그가 성전에 속한 영문의 문과 성곽과 내가 들어 갈 집을 위하여 들보로 쓸 재목을 내게 주게 하옵소서"(느 2:7, 8).

느헤미야의 청을 아닥사스다 왕은 과연 들어 주었을까? 아닥사스다 왕은 느헤미야의 청을 기쁘게 들어 주었다. 그런데 느헤미야는 여기서 중요한 사실을 알려준다. "내 하나님의 선한 손이 나를 도우시므로 왕이 허락하고"(느 2:8하). 느헤미야가 한 말은 하나님께서 아닥사스다 왕의 마음을 움직여서 자기가 건축에 쓸 재목을 가지고 예루살렘으로 돌아갈 수 있도록 왕이 허락했다는 것이다.

하나님께서는 사람의 마음을 붙잡고 계신다. 당신의 뜻대로 사람의 마음을 움직이신다. 이스라엘이 광야로 나가도록 해달라는 모세의 요청에 애굽의 바로는 허락하지 않았다. 애굽에는 열 가지 재앙이 차례로 닥쳤다. 그러나 바로는 움직이지 않았다. 성경은 이렇게 말한다. "그러나 여호와께서 바로의 마음을 완악하게 하셨으므로 그들의 말을 듣지 아니하였으니 여호와께서 모세에게 말씀하심과 같더라"(출 9:12). "그러나 여호와께서 바로의 마음을 완악하게 하셨으므로 이스라엘 자손을 보내지 아니하였더라"(출 10:20). 바로가 이스라엘이 모세의 지도 아래 광야로 나가는 것을 허락하지 않은 것은 하나님께서 그의 마음을 완악하게 하셨기 때문이다.

하나님께서는 사람의 마음을 움직이신다. 어느 해인가 겨울이 일찍 찾아왔다. 11월 중순이었는데 기온이 영하 15도 밑으로 떨어졌다. 갑작스럽게 찾아온 강추위로 인해 전국의 수도와 보일러가 얼어 터졌다. 내가 섬기는 교회의 보일러도 얼어 버렸다. 공교롭게도 그날은 토요일이었다. 보일러를 당장 고치지 않으면 다음 날인 주일에 교회가 큰 곤경에 처하게 되는 상황이었다.

나는 몸이 달았다. 교회 근처에 있는 집수리나 보일러를 수리하는 곳을 다 찾아갔지만 문이 닫혀있었다. 아는 사람 중에 보일러를 고치는 분이 있어서 전화를 했다. 그분은 몸이 아파서 일을 할 수 없다고 했다. 몹시 당황스러웠다. 내가 할 수 있는 일이라곤 하나도 없었다. 주일에 교회에 와서 추위에 고생할 성도들을 생각하니 마음이 불편하기 짝이 없었다. 그때 마음속에 상황이 이럼에도 불구하고 감사를 드리고 싶은 생각이 났다. 그래서 감사를 드렸다. "하나님, 지금 너무 곤란한 상황에 처했습니다. 보일러가 얼어서 큰일인데 보일러를 고칠 사람이 없습니다. 그럼에도 불구하고 하나님께 감사를 드립니다." 나는 하나님께 그런 상황에서조차 하나님을 신뢰하는 마음으로 감사를 드렸다. 몇 번이고 그렇게 감사를 드렸다.

두세 시간 정도 지났다. 전화벨이 울렸다. 내가 알고 있는 그분이 전화를 주셨다. "목사님 제가 가서 보일러 고쳐 볼게요." 나는 할렐루야를 외쳤다. 내가 감사를 드릴 때 하나님께서 그분의 마음을 움직이셨다. 몸이 아파서 못 오겠다던 사람의 마음을 움직여서 보일러를 고치게 하신 것이다. 그때만 생각하면 하나님께 감사하고 찬양을 드린다. 하나님께서는 사람 마음을 아신다. 사람 마음을 움직이신다.

4. 용서의 능력이 생긴다

다른 사람을 용서하는 것이 쉬운가, 어려운가? 나에게 해를 끼친 사람을 용서하는 것은 어렵다. 해를 끼친 정도가 아니라 원수를 용서하는 것은 사실 사람의 힘으로 불가능한 일이다. 문학이나 영화, 드라마에서 원수를 용서한다는 이야기보다는 원수를 갚는 이야기가 대부분을 차지하고 있지 않는가. 사람들은 용서하고 화해하는 이야기에 감동받기도 하지만 철저하게 원수를 갚는 이야기에서 대리 만족을 느끼고 스트레스를 날려 버린다.

그만큼 다른 사람을 용서하는 일은 어렵다. 그러나 하나님의 말씀은 다른 사람을 용서하라고 가르친다. 심지어 원수까지도 용서하라고 한다. "아무에게도 악을 악으로 갚지 말고 모든 사람 앞에서 선한 일을 도모하라 … 네 원수가 주리거든 먹이고 목마르거든 마시게 하라 그리함으로 네가 숯불을 그 머리에 쌓아 놓으리라"(롬 12:17, 20).

어느 날 베드로가 예수님께 질문했다. "주여 형제가 내게 죄를 범하면 몇 번이나 용서하여 주리이까 일곱 번까지 하오리까"(마 18:21). 당시 유대 랍비들은 3번까지 용서하라고 가르쳤다. 베드로의 질문은 예수님에게 칭찬을 기대하는 질문이었다. "와우 베드로야, 너는 참으로 훌륭하구나! 랍비들은 세 번까지 용서하라고 가르치는데 너는 일곱 번까지 용서를 생각하다니, 정말 훌륭하다." 뭐 이런 칭찬을 기대했을 수도 있다. 예수님의 대답은 베드로의 예상을 빗나갔다. 누구도 상상할 수 없는 말씀을 하셨다. "일곱 번뿐 아니라 일곱 번을 일흔 번까지라도 할지니라"(마 18:22). 기독교인이라면 잘 아는 대로 '7'이라는 숫자는 완전 수 아닌가. 그렇다면 예수님의 이 말씀은 용서의 끝은 없다는 뜻이다. 계속 용서하라는 말씀이다. 완전히 용서될 때까지 용서하라는 말씀이다. 이것이 가능한 일인가? 사람으로서는 불가능한 일이다. 그래서 누군가가 용서는 사람의 단어가 아니라 하나님의 단어라고 했는데, 그 말이 맞다고 생각한다. 완전한 용서는 하나님만 하실 수 있다.

그런데 기독교인은 끊임없이 '용서하라', '원수를 사랑하라'는 가르침을 받는다. 베드로의 질문에 깜짝 놀랄만한 대답을 하신 후, 예수님은 이야기를 하나 시작하셨다. "그러므로 천국은 그 종들과 결산하려던 어떤 임금과 같으니"(마 18:23). 천국은 어떤 임금과 같다. 임금이 자기 종들과 결산하려는 방식이 천국의 방식이라는 말씀이다. 천국은 임금이 결산하는 방식으로 다스려진다.

임금이 결산할 때 임금에게 만 달란트 빚진 종이 있었다. 그런데 그 종은 그 어마어마한 빚을 갚을 능력이 없었다. 임금은 신하들에게 그 종이 자신과 아내와 자식들까지 그리고 모든 소유를 다 팔아서 빚을 갚게 하라고 명령을 내렸다. 빚진 종은 임금 앞에 엎드려 빌었다. 그렇게 하지 말아 달라고, 꼭 갚겠다고. 그러나 그 종은 그 빚을 자기 능력으로 절대로 갚을 수 없었다. 임금은 그 종을 불쌍하게 여겼다. 빚을 탕감하고 종을 놓아주었다. 그 종은 감당할 수 없는 은혜를 받은 것이다. 그러나 빚을 탕감받은 종은 임금의 은혜가 믿어지지 않았다. 은혜를 받아들이지 못했다. 그의 마음은 여전히 어떻게 해서든 빚을 갚아야 한다는 생각으로 가득 차 있었다.

빚을 탕감받고 풀려나서 집으로 가던 종은 자기에게 백 데나리온의 빚을 진 동료를 만났다. 탕감을 받았음에도 믿지 못한 이 종은 자기 동료의 멱살을 잡고 빚을 갚으라고 했다. 빚진 동료는 조금만 더 참아달라고 간청했다. 그는 허락하지 않고 자기 동료를 옥에 가둬버렸다. 그 모습을 지켜본 그의 동료들은 옥에 갇힌 동료를 딱하게 여겼다. 한편 동료를 옥에 가둔 자에게도 자기는 어마어마한 빚을 탕감받았으면서 해도 너무한다고 생각했을 것이다. 그래서 모든 것을 임금에게 알렸다. 임금은 만 달란트 빚진 종을 다시 불러들였다. 그리고 이렇게 책망했다. "악한 종아 네가 빌기에 내가 네 빚을 전부 탕감하여 주었거늘 내가 너를 불쌍히 여김과 같이 너도 네 동료를 불쌍히 여김이 마땅하지 아니하냐"(마 18:32, 33). 임금은 노하여 그 빚을 다 갚도록 그를 옥졸들에게 넘겨주었다.

이야기를 마치신 예수님께서 교훈을 주셨다. "너희가 각각 마음으로부터 형제를 용서하지 아니하면 나의 하늘 아버지께서도 너희에게 이와 같이 하시리라"(마 18:35). 예수님의 이 말씀은 자칫 오해할 수 있다. 하나님의 용서는 우리가 먼저 다른 사람을 용서해야 받을 수 있는 것처럼 이해하기 쉽다. 이렇게 이해하면 우리의 구원은 하나님의 은혜가 아니라 우리가 먼저 용서(선행)를 베풀어야 받을 수 있는 보상 같은 것이 된다.

예수님의 이야기를 잘 살펴보자. 임금이 먼저 만 달란트 빚진 종을 불쌍히 여겨서 그 빚을 탕감해 주었다. 믿음으로 임금의 은혜를 받아들였다면 종의 마음은 감사와 기쁨으로 가득하게 되었을 것이다. 그러나 그는 임금의 은혜를 믿음으로 받아들이지 못했다. 여전히 뭔가를 해야 한다는 생각, 어떻게 해서든지 빚을 자기 힘으로 갚아야 한다고 생각한 것이다. 그래서 자기 동료를 용서하지 못한 것이다. 만일 임금의 은혜를 믿고 받아들였더라면 그 역시 자기 동료 빚을 기쁘게 탕감해 주었을 것이다.

만 달란트 빚은 우리 힘으로 도저히 씻어 낼 수 없는 죄를 의미한다. 아담 이후 인간 역사에서 어느 시대를 살았던 사람이건 이 세상에 자기 힘으로 죄를 씻어낸 사람은 없었다. 지금도 마찬가지다. 아무도 자기 죄를 자신의 힘과 노력으로 씻어내지 못한다. 오직 하나님 은혜의 용서를 통해서만 해결할 수 있다. 하나님은 예수님을 십자가에 죽게 하심으로 우리의 모든 죄를 용서해 주셨다. 우리는 그 은혜를 믿음으로 받으면 된다. 그러나 예수님의 이야기 속의 빚진 종처럼 갚을 수 있다고 생각하는 사람들이 꽤 많다. 즉 하나님의 용서를 받아들이지 않는다. 하나님께서 베푸시는 은혜를 거부한다. 그들은 기쁨을 모른다. 마음속에 감사가 없다. 다른 사람을 용서하기가 쉽지 않다. 하나님의 용서와 은혜를 체험하지 못했기 때문이다.

하나님의 은혜는 우리로 하여금 감사를 드리게 한다. 즉 하나님의 은혜를 경험하면 우리 마음은 감사로 가득 찬다. 나 같은 죄인이 용서받은 기쁨이 얼마나 큰지 모른다. 그래서 다른 형제의 잘못을 용서할 수 있다. 감사를 통해서 원수까지도 사랑할 힘이 생긴다. 그러나 사람은 연약하다. 용서한 것 같은데 시간이 지나면 그 사람에게 다시 화가 난다. 예수님께서 일곱 번씩 일흔 번이라도 용서하라고 하신 말씀이 이해가 된다. 용서하고 또 용서하고 그래서 내 마음속에서 미움이 다 사라질 때까지 용서를 반복해야 한다. 그렇게 할 힘은 하나님께 드리는 감사의 마음에서부터 생긴다. 하나님의 은혜에 감사하라. 하나님의 사랑에 감사하라. 그리고 용서하라. 아니 용서의 마음이 생길 것이다. 용서할 능력이 생길 것이다.

5. 관계가 회복된다

사람이 사람과 관계를 맺는 이유는 다양하다. 가족, 친구, 직장 동료, 같은 교회 교우, 취미가 같은 동호회 회원, 향우회 회원, 동창회원 같은 수많은 이유로 관계를 맺는다. 그렇게 형성된 관계가 어떻게 유지될 수 있는가? 어떤 관계냐에 따라 조금씩 다르겠지만 결국은 상호간에 상대방을 향하여 어떤 마음을 품느냐에 달렸다. 만일 각자 자기의 이익만 생각하고, 자신 입장이나 의견만을 내세우면 그 관계는 결국 깨지고 만다. 그러나 자신보다 상대방을 배려하고 감사하는 마음을 갖고 대하면 관계를 오랫동안 지속할 수 있다. 하물며 교회에서는 더욱 그래야 하지 않겠는가.

사도 바울은 이렇게 권면했다. "그러므로 그리스도 안에 무슨 권면이나 사랑의 무슨 위로나 성경의 무슨 교제나 긍휼이나 자비가 있거든 마음을 같이하여 같은 사랑을 가지고 뜻을 합하며 한마음을 품어 아무 일에든지 다툼이나 허영으로 하지 말고 오직 겸손한 마음으로 각각 자기보다 남을 낮게 여기고 각각 자기 일을 돌볼뿐더러 또한 각각 다른 사람들의 일을 돌보아 나의 기쁨을 충만하게 하라"(빌 2:1-4).

사도 바울은 계속해서 그리스도의 낮아지심을 말한다. 즉 예수 그리스도의 겸손을 배우라고 권고한다. 그렇게 해야 겸손한 마음으로 자기보다 남을 낮게 여기고 다른 사람의 형편과 처지를 생각하는 사람이 된다. 사람이 어떻게 겸손해질 수 있을까? 하나님의 은혜와 사랑을 깨달았을 때, 그 은혜와 사랑 앞에서 자신의 연약함을 알게 되었을 때, 하나님의 은혜와 사랑에 감사하는 마음이 충만할 때, 사람은 겸손해진다. 그리고 다른 사람을 존중하는 마음을 갖게 된다.

하나님 은혜에 감사하는 마음을 품으면 놀랍게도 상대방을 향한 미움이 사라진다. 다른 사람들이 귀하게 보이기 시작한다. 다른 사람에게 감사하는 마음이 생긴다. 자연히 상대방을 향한 말과 태도가 달라진다. 당연히 관계가 회복된다.

나는 결혼한 지 30년이 넘었다. 처음에는 아내와 많이 싸웠다. 10년 정도 지나니까 그렇게 크게 싸우지는 않지만 마음속에 이런저런 불만족과 불평이 쌓이곤 했다. 아내에게 그것을 다 말하지 않았다. 어떤 순간에 꾹꾹 눌러 놓은 감정이 폭발하고 그동안 쌓아 놓은 불만을 쏟아냈다. 그러면 부부관계는 어색해지고 점점 멀어졌다. 서로에게 상처를 주었다. 지금은 아내에게 고마운 마음을 갖고 있다. 내가 아내에게 불만을 가진 것처럼 아내 또한 내가 완벽한 사람, 완벽한 남편이 아니기에 불만을 가질 수 있다. 나는 아내가 나에게 가질지 모르는 불만을 생각지 못한 것이다. 나는 다 잘하는 줄 착각했었다.

언젠가부터 아내를 보면 고마운 생각이 들었다. 이런 사람을 아내로 주신 하나님께 감사하는 마음이 생겼다. 마음속에 품고 있던 이런저런 불평은 대수롭지 않은 것으로 여기게 되었다. 아내에게 하는 말투가 훨씬 친절해지고 부드러워졌다. 내가 그렇게 하니까 아내 역시 나에게 친절하고 더 열심히 목회를 도왔다. 자연히 우리 부부 사이의 관계는 더 친밀하게 변했다.

6장

한국교회가 살길, 감사를 회복하는 길

한국교회가 살길, 감사를 회복하는 길

나는 딸이 다시 아프고 난 후 육 개월 이상 딸을 차에 태워서 병원에 데리고 다녔다. 한동안 사위가 하다가 지금은 다시 내가 한다. 또 기도원에 딸과 함께 다녀올 때도 있었다. 대부분 아내도 함께 하지만 딸과 단둘이서만 다녀온 경우도 있다. 그때마다 딸과 마음을 열고 깊이 대화를 했다. 호세아 선지자 얘기를 한 기억이 난다. 딸과의 대화는 다음과 같이 흘러갔다.

사람은 참 변하기가 쉽지 않은 존재다. 자신이 뼛속까지 느끼는 고통을 겪기 전에는 생각이나 삶이 쉽게 변하지 않는 법이다. 이스라엘은 영적으로 간음을 저지르고 있었다. 이스라엘이 신랑 되시는 하나님을 버린 것이다. 가나안 족속의 신들이 자기를 사랑한다고 그 신들에게 가버렸다. 하나님의 마음은 너무나 쓰리고 아팠다. 하나님께서 호세아를 부르셨다. 이스라엘에게 하나님의 아픈 사랑을 전하기 위해서다. 그러나 호세아 선지자는 어떻게 하나님의 그 쓰리고 아프신 마음을 알고 이스라엘에게 하나님의 사랑을 전할 수 있을까? 호세아 선지자도 그냥은 알 수 없는 법이다. 하나님은 호세아에게 고멜이라고 하는 음란한 여자에게 장가를 들라고 하셨다. "여호와께서 처음 호세아에게 말씀하실 때 여호와께서 호세아에게 이르시되 너는 가서 음란한 여자를 맞이하여 음란한 자식들을 낳으라 이 나라가 여호와를 떠나 크게 음란함이니라 하시니 이에 그가 가서 디블라임의 딸 고멜을 맞이하였더니 고멜이 임신하여 아들을 낳으매"(호 1:2, 3).

고멜과 결혼 생활을 통해서 호세아는 자식을 보지만 아내는 계속 밖으로 나가서 다른 남자를 만났다. 한 번으로 그치지 않았다. 수차례에 걸쳐 아내 고멜의 간음을 바라보는 호세아의 마음은 갈기갈기 찢어졌다. 그런데도 그는 아내를 버리지 않고 끝까지 사랑한다. 그리고 비로소 하나님의 마음이 어떨지를 깨닫게 된다. 호세아 선지자는 그 후에야 하나님의 변치 않는 사랑과 은혜를 하나님의 심장으로 전할 수 있었다.

부목사 시절, 섬기던 담임 목사님께서 설교 중에 하신 말씀이 기억난다. "막 신학교를 졸업한 젊은 전도사님이 '하나님께서 당신을 사랑하십니다'라고 설교하는 것과 수십 년 목회하면서 산전수전 다 겪은 목회자가 가슴 깊은 곳으로부터 올라오는 뜨거운 심정으로 '하나님은 당신을 사랑하십니다'라고 설교하는 것이 같을 수 있겠는가?"

절대 같지 않다. 호세아도 고멜과 결혼을 경험한 후에는 더는 이전의 호세아가 아니다. 나는 딸에게 말했다. "딸아 하나님은 너를 사랑하신다. 그럼에도 불구하고 너를 아프게 하신 하나님은 너를 향한 놀라운 계획을 가지고 계시기 때문이다. 이 고통스러운 과정을 지나면서 너는 하나님을 깊이 만날 것이다. 하나님의 뜨거운 사랑을 알게 될 것이다. 하나님께서 사용하실 수 있는 믿음의 여인, 현숙한 여인이 될 것이다."

그러나 어떻게 해야만 내 딸이 힘들고 고통스러운 이 과정을 견뎌내며 통과할 수 있을까? 의사로부터 딸이 앞으로 삼 년 살 것이라는 말을 듣고 가슴이 찢어지는 목사 아버지는 사랑하는 딸에게 무슨 말을 해줄 수 있을까? 딸을 책망하는 것이 소용이 있을까? "왜 그렇게 건강 관리를 못한 거야? 왜 좀 더 음식 조심하고 운동도 규칙적으로 했어야

지? 너 나름대로는 했다고 하지만 결과적으로 이렇게 되었잖아. 그러면 네가 잘못했다는 것 아냐. 하여간 너 때문에 내가 죽겠다. 왜 그렇게 속을 썩이니? 자기 인생은 자기가 책임지고 부모에게 걱정을 끼치지 말아야지?" 내가 이렇게 말하면 딸이 회복될까? 아니면 오직 딸의 몸만 고치려고 이런저런 치료법만 찾아다니는 것이 능사(能事)일까? 수십 가지, 수백 가지 치료법을 찾아보고, 여기저기 이름난 의사와 병원을 찾아다니는 것으로 만사가 오케이일까?

절대로 그렇지 않다. 그런 것은 없다. 아무 소용이 없다. 나는 딸이 먼저 하나님 앞에 서야 한다고 생각했다. 하나님과 맺은 관계를 회복하는 것이 훨씬 중요하다고 믿었다. 딸이 하나님의 뜨거운 사랑을 깨닫는 것이 훨씬 중요하다고 믿었다. 딸의 신앙은 모태신앙이기 때문이다. 딸이 영적으로 하나님을 만나면, 그 후에는 모든 것이 하나님께 달렸기 때문에 하나님께 맡기면 된다. 딸의 간증대로 하나님께서 데리고 가셔도 아버지 하나님 품에 안기는 것이고 천국에 들어가는 것이니, 잠시 서운하고 슬플 수 있지만 믿음 안에서 얼마든지 받아들일 수 있는 일이다. 그러나 먼저 영적으로 회복되면 하나님께서 비로소 몸도 완전히 고치시고 딸의 삶을 통해서 영광을 받으실 수 있을 것이다.

그래서 나는 딸에게 우리 하나님께 감사하자고 했다. 감사를 회복하는 것만이 살길이라고 말했다. 하나님께 감사를 드릴 때 너는 비로소 하나님의 사랑과 은혜를 깊이 깨닫게 될 것이며, 결국은 네 몸도 치유해 주시는 기적의 은혜를 경험할 것이라고 말해 주었다.

한국교회는 성경적인 가르침의 궤도를 이탈한 현상들이 나타나고 있다. 교회는 여러 가지 심각한 문제에 직면해 있다. 위에서 말한 대로 재판관이 되어 서로 판단하고 싸운다. 복음이 사라지고 윤리와 도덕을 말하지만, 실제로는 윤리와 도덕적으로도 세상에서 부끄럽기 짝이 없는 수준이 되어 버렸다. 이런저런 일에 불평과 원망이 있고 오래된 성도들도 습관적으로 교회 생활을 한다. 심지어 비즈니스 마인드를 가지고 교회를 이끌려고 하고, 비즈니스 마인드를 가지고 교회를 출석한다. 교회를 단순한 친목 단체로 인식하기도 하고, 사회봉사를 첫 번째 가는 중요한 사역으로 강조한다.

한국교회의 병폐가 심각하다. 이런 한국교회를 향하여 어떤 말을 해야 할까? 많은 사람이 비판한다. "한국교회는 너무 부패했다.", "한국교회는 하나님의 말씀에서 떠났고 이제는 스스로 자정능력을 상실했다.", "교회 재정이 세상만큼도 투명하지 못하다.", "교회가 직분을 판다.", "목회자들이 거룩하지 못하다.", "한국교회는 완전히 썩었다." 이렇게 비판하자고 하면 끝이 없다.

많은 사람이 한국교회를 비판하지만 사랑이 없다. 그들은 대안을 제시하지도 않는다. 성경으로 돌아가자고 하지만 막연하다. 모두 정직해져야 한다. 비판하면 교회가 회복될까? 내가 내 딸을 책망하고 비판해서 딸의 영과 육이 다 건강해지지 않는 것처럼 교회를 비판만 하면, 비판하는 희열은 경험하겠지만 교회를 회복할 수 있을까? 절대 불가능하다. 내가 아픈 딸에게 하나님께 감사를 드리자고 한 것은 감사가 갖는 놀라운 은혜와 능력을 알기 때문이다.

지금까지 감사가 무엇인지부터 시작해서 감사의 방법, 감사가 가져오는 하나님의 놀라운 축복과 능력에 대해 말했다. 그렇다면, 이렇게 저렇게 병약해진 한국교회를 향한 대안은 비판이 아니다. 대안 없는 비판은 결코 한국교회를 살려내지 못한다. 사랑하는 마음으로, 마치 호세아 선지자처럼, 하나님의 처절한 사랑을 가지고 한국교회의 아픔을 지적하고, 변함없이 교회를 사랑하시는 하나님 앞에 감사하는 믿음을 회복하는 길뿐이라고 확신한다.

1장에서 언급한 한국교회의 궤도를 벗어난 잘못된 신앙의 양태들을 하나씩 하나씩 다시 불러내어 앞에 세우고 하나님의 눈으로 바라보며 감사를 회복해 보자. 그러면 자연스럽게 비성경적인 신앙 양태들은 한국교회에서 사라질 것이다.

1. 남을 판단하기보다 그를 통해 일하실 하나님을 보라

먼저 교회 안에는 재판관이 많다. 그들은 잘못된 모든 것을 끄집어낸다. 나름대로 성경에서 벗어난 교회의 행태를 신랄하게 비판한다. 듣는 사람의 마음을 시원하게 하는 사이다 같은 비판일 수 있다. 그러나 사이다가 갈증을 해결할 수 없듯이 그런 비판은 교회를 다시 살리지 못한다. 비판하고 판단하는 것은 사실 위험한 일이다. 예수님께서 이렇게 말씀하셨다. "비판을 받지 아니하려거든 비판하지 말라 너희가 비판하는 그 비판으로 너희가 비판을 받을 것이요 너희가 헤아리는 그 헤아림으로 너희가 헤아림을 받을 것이니라 어찌하여 형제의 눈 속에 있는 티는 보고 네 눈 속에 있는 들보는 깨닫지 못하느냐"(마 7:1-2).

예수님께서 비판하지 말라고 하셨다. 남을 비판하면 남을 비판한 그 비판으로 자신이 비판을 받을 것이란 말씀이다. 이 말씀은 누구나 다 허물이 있다는 말씀이다. 그래서 남을 비판하지만 자신도 모르게 자기도 동일한 비판을 받을 가능성이 많은 것이다. 그래서 비판받는 사람은 비판하는 사람을 다시 비판하게 된다. 그래서 교회는 더욱 서로 미워하게 되고 교회의 고통은 점점 더 깊어질 수밖에 없다.

이제 교회를 다른 각도에서 바라보자. 교회는 천사나 성인들이 모인 곳이 아니다. 교회는 죄인들이 우글거리는 곳이다. 나도 죄인이고 너도 죄인이다. 땅의 수준에서 좀 나은 사람이 있고 좀 못한 사람이 있을 뿐, 하나님 앞에 모두 죄인일 뿐이다. 너도나도 자신의 힘과 능력으로, 자신의 노력으로 하나님의 영광에 이르지 못한다(롬 3:23). 교회 안에 모든 사람이 "그리스도 예수 안에 있는 속량으로 말미암아 하나님의 은혜로 값없이 의롭다 하심을 얻은 자"(롬 3:24)가 된 것이다.

그러므로 교회 안에서 누가 누구를 비판하고 판단하는 것은 자기 눈에 들보를 가진 사람이 남의 눈에서 티를 빼주겠다는 말이다(마 7:4). 말이 안 된다. 완전 난센스(nonsense)다. 그러므로 남을 판단하는 재판관 노릇을 해서는 교회를 다시 살리지 못한다. 절대 못한다. 오히려 교회를 더 상처 내고 아프게 할 뿐이다.

그러면 어떻게 해야 할까? 먼저 각자가 하나님 앞에 얼마나 큰 죄인인지를 깨닫는 것이다. 분명 우리는 죄인이다. 하나님 은혜와 사랑이 없으면 아무 소망이 없는 존재다. 그러나 많은 사람이 착각한다. 교회에서 열심히 활동하면 스스로 의인이나 된 것처럼 착각한다. 그렇게 착각하니까 다른 사람을 판단할 수 있다고 생각하는 것인가.

우리는 나 같은 죄인을 구원하신 하나님의 긍휼과 사랑에 감사를 드려야 한다. 하나님의 사랑과 은혜를 입고 구원받았다는 사실은 하나님 앞에 갈 때까지 결코 잊으면 안 되는 것이다. 교회 안에 다른 사람들도 마찬가지다. 그들도 다 하나님의 은혜와 긍휼을 입고 구원받은 사람들이다. 나를 구원하신 하나님의 은혜에 감사를 드리듯, 다른 사람들도 구원하시는 하나님의 은혜와 사랑에 감사를 드리자.

감사하는 심령은 날카롭지 않다. 감사하는 심령은 판단하고 정죄하지 않는다. 감사하는 심령은 부드럽다. 이해의 폭이 넓다. 감사하는 심령은 하나님의 사랑이 가득하다. 그래서 다른 사람을 품어준다.

이제부터 교회 안에 미운 사람, 신앙생활이 맘이 들지 않는 사람을 인하여 하나님께 감사를 드려보자. 그 감사를 하나님께서 기쁘게 받으실 것이다. 하나님께서 그 사람이 교회 안에 있게 하신 것은 하나님의 깊은 섭리가 있음을 믿고 감사할 때 하나님께서 일하실 것이다. 감사할 때 문제가 하나님의 섭리로 보인다. 하나님께서 그 문제를 통해서, 그 사람을 통해서 어떻게 일하시고 영광을 받으시는 줄을 보게 하실 것이다.

중동선교를 위해 기도하는 목사 사모들 모임에서, 아내가 만난 한 사모의 간증이다. 남편은 김영수 목사(가명)로서 지금은 은퇴했지만, 유명한 부흥강사였다. 김 목사가 현역으로 목회할 때 파킨슨병이 찾아왔다. 그 후 설교할 때 발음이 정확하지 않았다. 말이 어눌해지고 손을 떠는 증세도 나타났다. 성도들이 불평할 수 있는 상황이었다. 설교 시간에 사모의 마음은 불안했다. 교인들이 설교를 더는 들을 수 없다며 남편 목사를 쫓아낼 것만 같은 두려움에 사로잡혔다. 그러다가 사모의 마음속에 감사를 드려야겠다는 생각이 들었다. 그래서 더는 불안해하지 않고 두려워하지 않고 감사를 드리기 시작했다.

"하나님, 몸이 저런데도 강단에서 주의 말씀을 전할 수 있게 해 주서서 감사합니다. 하나님, 담임 목사가 설교할 때 발음이 부정확하고 말이 어눌한데도 성도들이 매 주일 교회에 와서 말씀을 듣게 해주시니 감사합니다."

인간적으로 생각할 때, 교인들이 목사를 싫다고 하고 심하면 쫓아낼 수도 있는 상황이지만 김 목사는 목회를 계속할 수 있었다. 정년을 넘겨서까지도 목회를 했다. 김 목사 사모는 하나님께서 감사를 받으시고 은혜를 베풀어 주셨기 때문이라고 고백한다.

교회 안에 마음에 들지 않는 성도가 있는가? 그를 판단하고 비판하는 것은 절대로 도움이 되지 않는다. 교회를 더 황폐하게 만들 뿐이다. 이제는 감사를 드려라. 그의 장점을 찾아서 감사하고 표현해 보라. 그가 변하는 것을 보게 될 것이다.

위에서 말한 대로 목회자들이 성도들에게 재판관이 되기 쉽다. 마땅치 않는 성도로 인하여 불평하고 이렇게 저렇게 판단하는 일을 그만두고 하나님께 감사하라. 그를 구원하시는 하나님 은혜에 감사드리면 하나님께서 얼마나 기뻐하실까. 감사는 기적을 일으킨다. 그 성도가 변하는 것을 보게 될 것이다.

2. 윤리적이고 도덕적이 되지 말고 하나님의 은혜를 기억하라

교회가 세상보다 훨씬 윤리적이고 도덕적이어야 한다. 그것은 성경이 가르쳐 주는 분명한 사실이다. 마태복음 5장 16절에서, 예수님이 하신 말씀이다. "이같이 너희 빛이 사람 앞에 비치게 하여 그들로 너희 착한 행실을 보고 하늘에 계신 너희 아버지께 영광을 돌리게 하라." 윤리와 도덕을 강조하고 교육한다고 해서 사람이 변하지 않는다는 사실은 모든 사람이 안다. 교육이 무익한 것은 아니지만 사람이 올바르게 행하는 능력까지 부여하지는 못한다. 만일 교육이 배운 대로 행할 능력까지 주었다면 우리 사회는 분명 지금 같은 사회가 되지는 않았을 것이다. 대부분 사람이 윤리와 도덕 교육을 받았다. 하지만 매일 각종 부정부패가 드러나고 있고 반인륜적인 끔찍한 범죄들이 날마다 발생하고 있지 않은가.

부끄럽지만 교회도 떳떳하지 못하다. 교회 안에서 벌어지는 많은 일이 세상 사람들로부터 지탄받고 있는 것이 사실 아닌가. 교회가 가르치지 않아서 그런 것인가? 교회는 분명히 가르친다. 모든 기독교인이 배운 대로 살아간다면 세상으로부터 칭찬을 들을 것이다. 그러나 기독교인조차 가르침을 받은 대로 행하지 못한다.

그러므로 윤리와 도덕만을 강조하는 것은 충분하지 않다. 윤리와 도덕만을 설교하는 것은 교회가 살길이 아니다. 교회는 먼저 하나님의 은혜에 대한 체험이 있어야 한다. 아무런 소망도 가능성도 없는 죄인이 하나님의 은혜로 죄용서와 구원을 받은 사실을 깊이 깨달아야 한다. 그리고 그 은혜와 사랑을 감사해야 한다. 윤리와 도덕만을 강조하면 사람을 깨우치게는 하겠지만, 사람을 근본적으로 바꿔놓지는 못한다. 하지만 하나님 은혜와 사랑을 체험하면 그 속사람부터 바꾸기 시작한다.

겉으로 보기에 열심히 하고 윤리와 도덕을 강조하는 사람들은 도리어 하나님의 은혜와 사랑을 체험하지 못한 사람일지 모른다. 이런 사람들은 자기 노력으로 자기 의(義)를 쌓고, 그 의를 내세운다. 그러나 결국은 육적인 신앙이 무너져 버린다. 그런 사람들은 평생 교회를 섬기며 헌신하지 못한다. 결국은 그 신앙이 깨져 버리기 때문이다. 어느 교회나 마찬가지다.

교회에서 하나님과 교회를 사랑하며 평생 기독교인답게 올바르게 사는 사람은 윤리와 도덕 교육을 많이 받은 사람이 아니다. 하나님의 은혜와 사랑을 체험한 사람들이다. 은혜와 사랑에 감사하는 사람들이다. 어느 교회나 마찬가지이다.

다시 말하지만 하나님의 은혜와 사랑을 체험한 사람은 하나님께 감사한 마음을 갖는다. 결코 용서받을 수 없는 죄인을 용서해 주신 하나님의 사랑과 은혜에 감격하기 때문이다. 이런 은혜를 체험한 사람은 결코 다시 이전의 삶으로 돌아갈 수 없다. 본의 아니게 실수할 수는 있지만 의식적이며 지속적인 죄를 범하지 않는다.

사도 바울이 하나님의 은혜를 설명하고 난 후 이렇게 수사학적인 질문을 던지고 스스로 답한다. "그런즉 우리가 무슨 말을 하리요 은혜를 더하게 하려고 죄에 거하겠느냐 그럴 수 없느니라 죄에 대하여 죽은 우리가 어찌 그 가운데 더 살리요"(롬 6:2, 3).

하나님 은혜와 사랑을 체험하고 아는 사람은 자문해 보라. 남들을 속이며 살 수 있겠는가? 도둑질하면서 살 수 있겠는가? 공공장소에 쓰레기를 버리고 걸핏하면 사람들과 시비가 붙어 싸움질할 수 있겠는가? 남들이 보지 않는 곳에 있다고 육적인 욕망대로 아무렇게나 살 수 있겠는가? 사도 바울의 말대로 그럴 수 없다. 왜냐하면 하나님 은혜를 알고 사랑을 알고 그 은혜와 사랑에 감사하는 마음이 있기 때문이다.

한국교회가 예수 그리스도의 교회로 바로 서고 사회에서 빛과 소금이 되려면 윤리적이고 도덕적인 기준으로 서로 비판만 주고받아서는 안 된다. 윤리와 도덕적 가르침이 불필요한 것은 아니지만 그보다는 하나님의 은혜와 사랑을 주제로 설교를 더 많이 해야 한다. 설교와 가르침을 통해서 하나님 앞에서 은혜를 기억하고 더 큰 은혜를 사모하고 사모할 수 있도록 도와야 한다. 하나님의 은혜와 사랑을 알면 사람이 변화하기 때문이다.

블로그 〈선한 목자〉에 게재한 '은혜로 변화된 사람'이라는 제목의 글에서 소설 《벤허》의 작가인 류 월래스의 이야기를 읽었다.

기차를 타고 여행하는 두 장교가 있었습니다. 한 사람은 잉가솔(Ingersol)이라고 하는 대령이고, 다른 사람은 류 월래스(Lew Wallace)라고 하는 장군이었습니다. 두 사람이 주고받는 이야기는 예수님에 관한 모독적인 이야기였습니다. 잉가솔 대령이 말했습니다. "그 예수라고 하는 친구 있지 않습니까? 예수쟁이들은 예수를 하나님의 아들이니, 하나님이니 하고 허튼소리를 하는데, 예수라고 하는 친구를 멋진 연애장이로 만들어 에로틱한 소설을 쓰면 어떨까요? 그러면 돈을 많이 벌 수 있겠지요?"

그러자 월래스 장군이 응수했습니다. "아 그것 참 좋겠는 걸. 참 훌륭한 소설이 되겠지…" 그 후 그들은 제대했습니다. 월래스 장군은 제대한 후에 이것저것 할 일을 찾아보았으나 별로 신통한 일이 없었습니다. 그래서 생각 끝에 전에 기차를 타고 가다가 예수라고 하는 사람에 대한 에로틱한 소설을 써 베스트셀러가 되면 돈을 많이 벌겠다고 이야기 한 일이 생각났습니다.

그는 생각하기를 예수를 부정하고 연애쟁이로 만들어 버리려면 우선 예수를 알아야 한다고 생각하여 성경을 읽기 시작했습니다. 실제로 성지까지 가서 소설의 자료를 수집하기도 했습니다. 그런데 참 이상한 일이 생겼습니다. 그가 성경을 읽으면 읽을수록, 예수에 대한 자료를 수집하면 할수록 그의 마음이 변해 가는 것이었습니다.

마침내 그가 목적한 소설의 원고가 끝났습니다. 그런데 처음에 계획했던 소설과는 정반대 방향으로 흘러간 소설이 되었습니다. 원고의 마지막 장을 끝낸 다음에 월래스는 자기도 모르는 사이에 의자에서 내려와 무릎을 꿇게 되었습니다. 그리고 신앙 고백을 했습니다. "진실로 진실로 주는 그리스도시요, 살아계신 하나님의 아들이로소이다"라는 고백입니다.

이 소설이 그 유명한 《벤허》이다. 류 월래스처럼 하나님의 말씀을 통해서 하나님의 은혜와 사랑을 알고 깨달으면 사람은 이렇게 변한다. 그러므로 성도들이 하나님의 은혜에 깊이깊이 젖어 들 수 있다면 아무것도 염려할 필요가 없다. 성도들의 심령에 감사가 충만하게 되면 더는 종교적이 되고 윤리와 도덕만 강조하면서 남을 판단하는 분위기의 차가운 교회가 되지 않을 것이다. 도덕적이고 윤리적인 면에서 세상보다 훨씬 뛰어난 하나님 백성이 될 것이다. 성도들의 착한 행실을 보고 세상 사람들이 하늘에 계신 하나님 아버지께 영광을 돌리게 될 것이다.

3. 세상적인 복을 추구하기보다는 하나님의 신령한 복을 사모하라

세상적이고 현세적인 복을 추구하는 기복신앙이 한국교회의 허리와 무릎을 약하게 만들었다. 기독교 역사상 유례를 찾기 어려운 급속한 부흥과 성장에도 불구하고 한국교회는 한국 사회에 아무런 영적인 영향력이 없다. 오히려 비난과 조롱을 당하고 있다. 교회가 사회를 이끌기보다는 교회가 사회에 질질 끌려가는 모양새다. 교회가 그렇게 형편없이 추락한 주된 원인 중 하나는 바로 기복신앙이다.

많은 기독교인이 세상적으로 잘 되는 것만 축복으로 생각한다. 그들은 주일을 성수하고 하나님을 잘 믿으면, 물질적으로 축복을 받고, 늘 건강하고, 자녀가 잘되는 축복을 얻을 것이라고 굳게 믿는다. 그러나 어디 그런가? 절대로 그렇지 않다. 성도에게는 고난이 있기 마련이다. 신실한 믿음을 가졌더라도 고난을 당한다. 하나님은 고난을 통해서 하나님의 자녀를 빚으신다. 하나님께서 기뻐하고 원하시는 모습으로 빚으신다.

그러나 기복신앙을 붙잡고 있는 사람은 고난을 슬퍼한다. 고난을 당하면 낙심한다. 하나님을 원망한다. 자신이 하나님의 형벌이나 저주를 받았다고 생각한다. 교회 중직자 가정에 고난이 찾아오면 쑥덕거린다. 목회자가 아프기라도 하면 하나님께 무슨 잘못을 저지른 모양이라고 생각한다. 물론 그럴 수도 있다. 그러나 언제나 그런 것은 아니지 않는가. 하나님의 깊은 뜻과 섭리를 어떻게 다 알 수 있겠는가.

안타까운 것은 기복신앙에 매여 있는 사람들은 고난당하면 기독교 신앙을 떠나거나 하나님을 향한 열망이 사라진다. 이래서는 한국교회가 아무런 소망이 없다. 하나님 앞에 어떤 크고 귀한 일을 할 힘을 절대로 가지지 못한다. 기복신앙을 바로잡지 않고서는 교회가 영적인 힘을 되찾기 어렵다. 목회자가 강단에서 성도들이 세상에서 어떻게 하면 성공하고 축복을 받아 누릴 수 있는지에 대한 설교만 한다면, 교회가 영적으로 다시 일어설 수 있다는 희망은 헛된 것이다.

기복신앙을 무너뜨리기 위해서는 하나님의 선하심과 우리를 향한 하나님의 깊은 뜻과 섭리가 있음을 강조하고 자주 설교해야 한다. 성도들은 믿음으로 하나님께서 행하실 일을 내다보면서 감사를 드려야 한다. 비록 어렵고 힘든 일을 만났더라도 그 가운데 나를 붙들고 계시는 하나님을 봐야 한다. 변하지 않는 사랑으로 나를 바라보시고 깊은 섭리를 따라 나를 어떤 특별한 방식으로 다루고 계신다는 것을 믿어야 하는 것이다. 찬송가 425장 1절을 부르면서 하나님을 기다릴 줄 알아야 한다. "주님의 뜻을 이루소서/ 고요한 중에 기다리니/ 진흙과 같은 날 빚으사/ 주님의 형상 만드소서."

내가 속한 노회에 가깝게 지내는 선동인 목사(가명)가 있다. 그는 십대 시절 몸이 많이 아팠다. 고등학교 3학년 때는 몸이 아파서 63일이나 결석해야 할 정도였다. 며칠만 더 결석했더라면 졸업을 하지 못하고 유급을 당할 뻔했다. 고등학교를 졸업하고도 그는 몸이 계속 아팠다. 척추측만증이 심했고 척추에 고름이 고였다. 고름을 뽑아내도 또 고름이 고였다. 청년 시절 선 목사는 똑바로 서서 걸을 수 없을 정도였다. 주위에서는 선 목사가 결혼하기도 어려울 거라고 말할 정도로 그의 몸 상태가 좋지 않았다.

선 목사 자신도 늘 '나는 왜 이렇게 아프지?' 하는 의문을 품었다. 몸이 아프니 자신감을 잃었다. 인생에 꿈이나 확신도 없었다. 그렇지만 선 목사는 하나님께 기도했다. 걸어서 30분 거리의 교회를 두세 번 쉬면서 가야 했지만 새벽 기도회에 가서 기도를 드렸다. 선 목사가 청년 시절 출석했던 교회의 담임 목사 사모는 기도를 열심히 했어도 다정다감한 분은 아니었다고 한다. 그런데 어느 날 사모가 다가와서 위로와 격려의 말을 했다. "선 선생님 많이 힘드시죠? 하나님께서 선 선생님을 귀하게 쓰시려고 이런 시련을 주시는 것입니다. 힘내세요."

선 목사가 사모에게 이 말을 들었을 때 마음속에서 두려움과 의심과 불안감이 사라졌다. 하나님께서 자신을 붙들고 계시다는 확신을 갖게 되었다. 더 이상 두렵지 않았다. 선 목사 마음속에 큰 기쁨이 찾아왔다. 하나님을 향한 확신을 가질 수 있었다. 하나님께 감사를 드렸다. 그 이후 1년이 못 되어서 선 목사의 몸은 거짓말처럼 완전히 회복되었다. 그는 신학을 공부하고 목사가 되었다. 물론 결혼도 해서 훌륭하게 키운 건강한 아들 둘을 두고 있다.

기복신앙은 교회를 약하게 한다. 성도 개개인의 신앙을 결국에는 완전히 무너뜨리고 만다. 교회는 로마서 8장 28절 말씀을 붙잡아야 한다. "우리가 알거니와 하나님을 사랑하는 자 곧 그의 뜻대로 부르심을 입은 자들에게는 모든 것이 합력하여 선을 이루느니라." 이 말씀을 붙잡고 기복신앙을 버려야 한다. 교회는 하나님의 깊은 뜻과 섭리를 바라보는 믿음을 회복해야 한다. 하나님은 선하시며 하시는 모든 일이 선하심을 믿고 일어서서 어떤 경우에도 감사할 수 있어야 한다. 그때 교회는 살아난다. 개개인의 신앙이 살아난다.

4. 불평과 원망을 버리고 감사할 때 기적이 일어난다

한 번이라도 불평해 보지 않은 사람은 없다. 다른 사람을 원망한 일이 없거나 탓한 적이 없는 사람은 없다. 그런데 불평하고 원망해서 무엇인가 한 가지라도 선한 결과를 낳은 적이 있는가? 불평과 원망이 일을 긍정적이고 아름답게 마무리 짓도록 한 적이 있는가?

이스라엘이 출애굽 했다. 430년 동안 긴 노예 생활에 종지부를 찍었다. 이스라엘은 기쁨의 만세를 불렀다. 너도나도 얼싸안고 춤을 추며 애굽 땅을 떠났다. 그들은 아무 문제 없이 곧바로 약속의 땅으로 들어가 자유와 풍요를 누리며 살 것을 기대했을 것이다. 그러나 하나님의 섭리와 뜻은 이스라엘의 예상을 빗나갔다. 애굽의 바로와 오랜 줄다리기 끝에 마침내 이스라엘은 애굽을 벗어났다. 하나님은 여전히 이스라엘과 함께 했고 그들을 이끌었다. 출애굽기 13장 마지막 두절 21절과 22절은 하나님의 인도하심을 이렇게 진술한다. "여호와께서 그들 앞에서 가시며 낮에는 구름 기둥으로 그들의 길을 인도하시고 밤에는 불기둥을 그들에게 비추사 낮이나 밤이나 진행하게 하시니 낮에는 구름 기둥, 밤에는 불기둥이 백성 앞에서 떠나지 아니하니라."

이후에 바로 출애굽기 14장으로 연결된다. 하나님께서 모세에게 말씀하셔서 이스라엘의 진행 방향을 바꾸게 하셨다. 그리고 도착한 곳이 홍해 앞이었다. 하나님께서는 이 상황을 전해 들은 바로가 할 말까지 다 알고 계셨다. "바로가 이스라엘 자손에 대하여 말하기를 그들이 그 땅에서 멀리 떠나 광야에 갇힌바 되었다고 하리라"(출 14:3). 하나님께서 바로의 마음을 완악하게 하셨다. 바로는 군대를 이끌고 이스라엘을 잡으러 뒤쫓았다. 오지도 가지도 못하고 죽게 되었다고 생각한 이스라엘은 원망과 불평을 쏟아냈다. 하나님은 이때까지만 해도 원망과 불평하는 이스라엘을 책망하지 않으셨다. 다만 모세를 통하여 홍해를 가르시고 이스라엘을 구원하셨다. 그들에게 하나님의 능력을 나타낸 것이다. 하나님께서 그들의 힘이시고 구원이심을 보여주셨다. 하나님께서는 고의적으로 이런 상황을 만드시고 이스라엘에게 당신을 보여주신 것이다. 하나님은 하나님의 기적을 체험한 이스라엘이 이제는 하나님을 믿고 의지하기를 바라셨다. 그러나 이스라엘은 그 후에 어려움을 만나고 곤란한 상황에 놓이게 되면 그때마다 여전히 원망과 불평을 했다. 물이 없어 목마르다. 고기가 먹고 싶다. 그들은 원망과 불평을 입에 달고 살았다.

위에서 한 질문을 다시 해보자. 이스라엘이 출애굽 한 후 원망과 불평이 좋은 결과를 낳은 적이 있는가? 이상한 질문이지만, 이스라엘이 불평과 원망을 해서 하나님을 영화롭게 한 적이 있는가? 하나님께서 이스라엘이 불평할 때 기뻐하신 적이 있는가? 한 번도 없다. 지금 이 책을 읽고 있는 당신은 불평하고 원망해서 하나님께 영광을 돌린 적이 있는가? 당신 자신이 행복해지고 기쁨을 회복한 적이 있는가? 불평과 원망으로 교회가 은혜롭게 바뀌는 것을 경험한 적이 있는가? 분명히 없을 것이다. 그렇다면 우리가 언제까지 불평하고 원망을 계속할 것인가? 이제는 생각을 달리해야 할 때다.

불평하고 원망하는 것은 절대로 답이 될 수 없다. 불평과 원망은 절대로 교회를 아름답고 은혜 충만한 교회로 바꾸지 못한다. 하나님은 불평과 원망을 절대로 기쁘게 듣지 않기 때문이다. 불평과 원망은 하나님의 마음을 상하게 할 뿐이다. 불평하고 원망하는 사람의 심령은 황폐하게 된다.

그러면 불평과 원망 대신 입에서 나와야 할 말은 무엇인가? 감사의 말이다. 하나님께서 사도 바울을 통해서 모든 일에 감사하라고 하시지 않았는가. 모든 일은 큰일 작은 일, 기쁜 일 슬픈 일, 쉬운 일 어려운 일처럼 우리가 경험하는 모든 일과 환경과 조건을 말한다. 교회와 성도는 그런 일에 감사하라는 교훈을 받는다. 그것이 우리를 향하신 하나님의 뜻이다.

하나님의 뜻대로 하면 실패가 없는 것 아닌가. 하나님의 뜻대로 하는데 망할 일은 없는 것 아닌가. 세상 관점에서 어떤 상황이 실패처럼 보이고 망한 것 같이 보여도 하나님의 뜻대로 했다면 절대로 실패도 아니고 망한 것도 아니다. 반드시 하나님께서 일하시는 것을 볼 것이다. 하나님이 일하실 때 모든 것이 온전해진다. 모든 것이 조화로워진다. 모든 것이 아름답게 변한다. 모든 것이 합력하여 선을 이룸으로 하나님께는 영광이요, 우리에게는 은혜와 축복이 되게 하신다. 그러므로 감사하라. 감사하는 심령은 평안해진다. 감사하는 심령은 온유해진다. 감사하는 신앙은 긍정적이고 적극적이 된다. 감사하면 기적을 경험한다. 감사하면 심령이 강건해진다. 감사하면 소망이 생긴다. 감사하면 심령에 기쁨이 충만해진다.

아내는 딸이 S병원에서 찍은 사진을 가지고 또 다른 S병원의 담당 의사를 만날 때 같이 들어갔다. 그때 의사가 딸의 사진을 보자마자 냉정하게 앞으로 3년 살 수 있다고 말했다. 아내는 의사의 말을 딸과 같이 들었다. 의사에게 그런 말을 듣고 제정신일 엄마가 세상에 어디 있겠는가. 아내는 큰 충격을 받았다. 아내는 밤에 잠을 자지 못했다. 두려움이 아내를 옥죄었다. 처한 상황이 마치 꿈꾸는 듯했고 딸만 생각하면 숨을 쉴 수 없었다. 가슴이 감당하기 어려울 만큼 두근거렸다. 그러다가 아내는 하나님께 감사를 드렸다. "하나님 감사합니다. 찬송합니다. 저는 아무것도 할 수 없습니다. 이 부분은 하나님의 영역입니다. 저는 하나님의 사랑을 믿습니다. 하나님 감사합니다." 그 후에 아내가 성도들 앞에서 한 고백이다. "그 순간 두려움이 사라졌습니다. 정말 신기했습니다. 마음이 평안해졌습니다. 나를 두렵게 하던 마귀가 일곱 길로 도망갔습니다."

5. 습관적인 신앙을 벗고 감사와 찬송을 회복하라

이 책 서두에서 습관적인 신앙의 병폐와 위험성을 지적했다. 기독교 신앙은 하나님과 살아있는 관계이기 때문에 오래되고 굳어진 습관적 신앙은 참된 기독교 신앙이 아니다. 흔히 말하는 종교생활은 기독교적인 신앙생활이 아니다. 따라서 기독교 신앙의 열매를 맺지 못한다. 이런 습관적인 신앙에서 가능한 한 빨리 벗어나야 한다.

어떻게 습관적인 기독교 신앙에서 벗어날 수 있을까? 하나님과 교제를 회복하는 것이다. 매일 하나님과 만남의 시간을 보내야 한다. 흔히 말하는 경건의 시간(Q.T)이다. 꼭 경건의 시간이라고 이름을 붙이지 않더라도 매일 성경을 읽고 묵상하면서 하나님의 음성을 듣고, 그 음성에 따라 하나님께 기도하면서 하나님과 교제의 시간을 갖는 것이다.

세상의 모든 교제는 상호적 관계다. 말할 때가 있고 들을 때가 있다. 줄 때가 있고 받을 때가 있다. 만일 한 쪽에서 일방적으로 말을 하고 상대방은 듣기만 한다면 그것은 교제가 되지 않는다. 그런 만남은 오래 가지 못한다. 또한 한쪽만 계속 주고 다른 한쪽은 계속 받기만 한다면 그것 또한 오래 가지 못한다.

하나님과 교제의 시간을 가질 때도 마찬가지다. 하나님의 음성을 들을 때가 있어야 하고 또 하나님께 말씀을 드려야 할 때가 있다. 하나님께 듣는 것은 성경을 읽고 묵상하면서 이루어진다. 기록된 말씀인 로 고스(Logos)가 생생하게 살아있는 하나님의 말씀(Rhema)으로 다가온다. 성도 안에 거주하시는 성령께서 말씀을 깨닫게 하시고 삶의 구체적인 상황에 적용하도록 도우시는 것이다.

하나님의 말씀을 듣고 또 듣다 보면, 깨닫는 것이 있다. 성도라면 누구에게나 마찬가지다. 바로 하나님의 은혜와 사랑을 깨닫기 시작한다. 머리로만 알던 신앙이 가슴으로 내려온다. 차갑기만 한 지식이 가슴으로 내려와 뜨거운 감사와 찬송으로 바뀐다. 감사와 찬송은 그대로 하나님께 드리는 기도가 된다. 하루, 이틀, 사흘, 매일 감사와 찬송을 드리는 심령은 더 이상 습관적인 신앙생활을 하는 사람이 아니다.

딸의 고백이다. 자기는 목사의 딸로 하나님의 사랑이 당연한 것이었다. 딸은 유치원 때부터 어른 예배에 참석해서 아빠인 나의 설교를 들으며 자랐다. 딸에게 예수님의 십자가와 사랑은 특별한 것이 없었다. 아주 어렸을 때부터 들어왔고 당연히 그냥 알고 있는 기독교 지식에 불과했다. 예배드릴 때 큰 은혜를 경험하거나 감동받은 적도 거의 없다. 목사의 딸로서 예배에 마땅히 참석해야 했기에 예배에 나왔을 뿐이었다. 그러다 보니 성경을 한 번도 읽은 적이 없다. 말씀을 읽고 묵상하면서 하나님의 은혜와 사랑을 뜨겁게 느끼고 깨달은 적이 없다.

딸은 아프면서, 하나님의 말씀을 읽기 시작했다. "아빠, 성경책이 보물 책이었어." "야, 임마! 아빠가 맨날 말했잖아." "아빠, 그게 다른 사람이 얘기한다고 알아지는 게 아냐." 딸은 말씀을 읽으며 하나님의 은혜와 사랑을 점점 깊이 깨달았다. 그러고는 모태신앙을 가진 많은 사람처럼 오랜 습관적인 신앙생활을 벗어나기 시작했다. 이제 딸은 고백한다. 하나님 은혜가 감사하고 사랑이 감사하다고….

"매주 반주하며 주님 앞에 쓰임 받게 하신 은혜 감사합니다." 딸이 재작년(2019년) 가을 어느 주일에 드린 감사헌금 봉투에 쓴 감사의 내용이다. 그 주일 이전 몇 주 동안의 딸의 감사 내용을 더 소개하고 싶다. "내 주님, 양옆, 앞뒤를 보아도 꽉 막히고 아무것도 나를 도울 수 없지만 하늘을 보고 주님께 소망을 두게 하시니 감사합니다.", "완전하신 나의 하나님, 나를 사랑하시고 내 기도를 들으시는 주께 감사합니다.", "내 모든 문제를 주께 맡깁니다. 성령님 내 안에 거하소서. 구원하시는 주님 감사합니다.", "주님께서 내게 허락하신 모든 것이 다 주님의 은혜인 것을 압니다. 감사합니다."

딸이 아프면서 경험하는 하나님의 은혜와 사랑에 새롭게 그리고 깊이 감사를 드리는 모습을 본다. 딸이 습관적인 신앙에서 벗어난 것이 목사 아빠로서 하나님께 얼마나 감사한지 모르겠다. 이 글을 쓰고 있는 이 순간에도 눈에 눈물이 고인다. 딸이 드리는 감사, 아빠로서 드리는 감사, 그리고 가족과 온 교회 성도가 드리는 감사가 기적을 만들어 낼 것을 믿는다.

2020년, 딸이 3개월마다 받는 검진을 받고 나온 결과에 우리는 하나님의 은혜에 감사하며 눈물을 흘렸다. 딸의 겨드랑이 밑 임파선에 재발한 암은 완전히 사라졌다. 그리고 골반 뼈에 재발한 암도 놀라운 정도로 좋아졌다. 의사는 딸의 사진을 보면서 이렇게 말했다고 한다.

"내가 당신이 암환자인 줄 알고 이 사진을 봐서 그렇지 만일 아무것도 모르는 상태에서 이 사진을 봤으면 당신은 아무 이상이 없다고 말할 정도입니다."

감사는 우리의 삶과 신앙을 온전히 회복시키는 기적을 만들어 낸다.

6. 감사가 충만해야 다른 목적을 가진 교인도 변화시킨다

교회에 나오는 사람들은 겉으로 보기에는 다 비슷해 보인다. 성경과 찬송가를 들고 오는 것을 보면 모두 하나님께 예배드리러 오는 것처럼 보인다. 그러나 실상은 그렇지 않다. 믿음이 없지만 가정의 평화를 위해서 나오는 교인도 있다. 이런 부류의 교인은 대부분 남자 성도다. 책 서두에서 언급한 것처럼 비즈니스 마인드, 즉 사업적 목적을 가지고 교회에 오는 사람들도 꽤 있다. 어찌 되었건 교회에 와서 예배에 참석하니 교회에 오지 않는 것보다야 백배, 천배 나은 것은 사실이다.

그러나 애초에 사업적 목적을 가지고 교회에 오기 시작했으니 그런 사람이 교회에서 복음을 듣고 하나님의 사랑과 은혜를 깨닫고 체험하기란 여간 어려운 일이 아니다. 이렇게 비즈니스 마인드를 갖고 교회에 오는 사람들은 교회에 오는 자신의 목적이 이루어지지 않는다고 느끼면 더 이상 교회에 나올 필요를 느끼지 않기 때문이다. 어느 날 소리소문없이 사라진다. 그러므로 그들이 교회에서 사라지지 않도록 해야 한다. 분명 쉬운 일이 아니다. 어떻게 하면 될까?

교회에서 천국을 경험하게 하는 것이다. 교회에서 천국을 경험하게 한다는 것이 가능한 일인가? 당연히 완전한 천국을 구현하는 것은 불가능한 일이다. 그러나 천국을 맛보게는 할 수 있다. 어떻게 하면 될까? 감사가 충만한 교회가 되게 하는 것이다. 성도 한 분 한 분이 감사하는 성도가 되는 것이다. 위에서 말한 것처럼 감사는 믿음의 열매다. 그래서 감사하는 사람은 하나님을 의지한다. 그의 삶은 아픈 과거까지도 끌어안는다. 더 이상 과거에 묶여 있지 않다. 오히려 과거의 굴레에서 벗어난 삶을 산다. 감사하는 사람은 현재의 고난도 뚫고 나간다. 하나님이 살아 계신 것과 자기를 찾는 자들에게 상 주시는 분이심을 믿기 때문이다. 감사하는 사람은 또한 자신의 미래를 믿음의 눈으로 바라본다. 그래서 언제나 밝다. 그의 말과 행동에는 소망이 넘친다.

감사하는 성도의 이런 모습은 불신자들에게는 놀라운 것이다. 세상에서는 결코 경험하지 못하는 모습이기 때문이다. 예수님을 인격적으로 만나지 못한 채 여러 가지 다른 이유와 목적을 가지고 교회에 오는 사람들에게 감사하는 삶의 모습은 신선한 충격이다. 감사하는 성도가 많은 교회는 비성경적인 이유와 목적을 가진 사람들의 눈을 번쩍 뜨이게 한다. 감사하는 삶의 모습이 오직 하나님의 은혜와 사랑을 경험할 때 일어난다는 것을 알게 될 때 사람들은 복음을 듣고 싶어 한다. 복음을 듣고 싶은 사람, 성경을 배우고 싶은 사람은 이미 변화한 사람이다.

7. 감사가 넘치는 교회가 참된 친목 단체다

교회는 친목을 목적으로 하는 친목 단체는 아니다. 하지만 교회 안에서 성도 상호 간 교제가 이루어진다. 성도의 교제는 교회 안에서 아주 중요한 부분이다. 교제를 통해서 성도들이 믿음 안에서 함께 성장하고 서로서로 사랑과 섬김을 배우기 때문이다. 따라서 성도의 교제가 잘 되는 교회는 말씀과 기도 가운데 예수 그리스도의 교회로 든든하게 세워진다. 교회의 아름다움이 나타난다. 지상에서 하나님 사랑의 통치를 경험하면서 천국을 맛본다.

하지만 이렇게 성도가 아름답게 교제하는 교회가 얼마나 될까? 이 시대에는 고린도 교회와 같이 분쟁과 다툼이 있는 교회는 존재하지 않을까? 나는 존재한다고 생각한다. 지상 교회는 여전히 연약하기 때문이다. 여전히 사탄의 공격을 받고 있다. 여전히 전투하는 교회다. 만약 성도들이 교회를 단순히 친목 단체 정도로만 생각한다면 교회는 여러 가지 문제에 휘말릴 것이다. 교회 안에 시기, 질투, 경쟁심, 분당 같은 원인으로 교회는 황폐하게 될 것이다. 성도의 교제가 오히려 독이 될 것이다.

교회 안에서 참다운 성도의 교제가 이루어지려면 무엇이 필요한가? 바로 감사다. 교회 안에 감사가 회복되면 교회는 하나님 눈에 진정한 친목 공동체가 된다. 성도들이 만났을 때 서로서로 감사를 나눈다고 상상해 보라. 하나님을 향한 감사, 성도 상호 간에 이런저런 일에 감사가 충만한 모임을 상상해 보라. 교회 안에 기적이 일어난다. 감사는 기적을 만든다.

기독일보의 [김형태 칼럼]에는 이런 이야기가 있다. D. L. 무디가 설교를 하다가 교인들에게 어떻게 해야 컵에서 공기를 모두 빼낼 수 있는지 물었다고 한다. 이런저런 대답이 나왔지만 모두 정답을 벗어났다. 무디 목사는 미소를 지으며 주전자를 들어 컵에 물을 가득 부었다. 그리고 말했다. "자, 보세요. 공기는 조금도 남아 있지 않습니다."

성도들이 감사하기 시작하고 교회 안에 감사가 충만하게 되면, 교회를 어지럽게 하는 어둠의 영이 있을 곳이 없어진다. 불평과 불만을 불러오고 시기와 질투를 조장하는 더러운 어둠의 영이 꼬리를 감추고 사라져 버린다.

8. 감사가 없는 사회봉사는 쇼(show)다.

교회가 지역사회를 위하여 여러 가지 봉사 활동으로 섬기는 것은 당연히 좋은 일이고 권장할 만하다. 예수님께서도 마태복음 5장 16절에서 "너희 빛이 사람 앞에 비치게 하여 그들로 너희 착한 행실을 보고 하늘에 계신 너희 아버지께 영광을 돌리게 하라"고 말씀하셨다. 예수님 말씀처럼 교회가 이웃을 위한 여러 가지 봉사 활동으로 섬기면 교회의 착한 사역을 보고 하나님께 영광을 돌리게 될 것이다. 따라서 많은 교회가 봉사 활동을 한다. 칭찬할 만한 일이다.

그러나 교회의 사회봉사가 많은 문제점을 드러내기도 한다. 서울대 조흥식 사회복지학 교수는 기독신문에 쓴 '진정성 있는 교회 사회봉사 활동이 되려면?'이라는 글에서 믿을만한 여론조사 결과와 함께 교회 사회봉사 활동을 분석하였다.

한국교회 봉사단이 창립 10주년을 맞아 국민 1,000명을 대상으로 한국교회의 봉사 활동에 대한 설문조사를 하고 그 결과를 발표하였다. 사회봉사 활동을 가장 적극적으로 하는 종교가 어느 종교인가라는 질문에 개신교가 29.2%, 천주교는 20.2%, 그리고 불교가 3.8%라고 답했다. 이 결과에 따르면 국민이 교회가 봉사 활동을 많이 한다고 인식하는 것은 맞다.

그러나 가장 진정성 있게 사회봉사 활동을 하는 종교를 묻는 질문에서 순위가 역전되었다. 천주교가 29.3%로 1위를 차지했다. 개신교는 13%, 불교는 6.5%로 각각 2위와 3위를 차지했다. 또한 사회봉사 활동을 가장 전문성 있게 하는 종교를 묻는 질문에도 역시 천주교가 22.9%, 개신교가 16.3%, 불교 3.5% 순이었다. 이 설문조사에 따르면 국민은 비록 교회가 사회봉사 활동을 많이 한다고 인식하고 있기는 하지만 교회의 봉사 활동은 진정성과 전문성이 결여되었다고 보는 것이다.

위의 설문조사에서는 교회가 사회봉사 활동을 할 때 진정성과 전문성이 떨어지는 이유를 함께 물었다. 응답자의 40%는 교회가 사회봉사 활동을 전도 수단으로 삼는다고 답했고, 보여주기식이기 때문이라는 응답도 32.4%나 되었다. 그리고 형식적이기 때문이라는 응답도 16.3%나 되었다. 한마디로 교회의 사회봉사 활동이 국민 마음에 와닿지 않는다는 사실이다. 교회의 사회봉사 활동은 국민 눈에 순수하지 못한 보여주기(show)에 불과하다는 말이다. 어떻게 하면 이 문제를 해결할 수 있을까? 어떻게 교회의 사회봉사 활동이 진정성과 순수성을 회복하고 사람들의 마음에 감동을 줄 수 있을까?

여러 가지 대안이나 방법이 있겠지만 가장 근본적인 것은 교회 안에 감사하는 신앙을 회복하는 것이다. 교회 안에 하나님의 은혜와 사랑이 넘치고 충만할 때, 그래서 성도들의 마음에 감사가 넘치고, 은혜와 사랑을 이웃들과 나누고 싶을 때, 봉사를 통해서 자연스럽게 하나님의 사랑과 은혜가 이웃에게 흘러가야 한다.

감사의 글

감사의 글

이 글을 쓰고 있는 오늘, 2020년 5월 21일 오후 2시 20분 사위가 가족 카톡 방에 딸이 1주 전에 받은 검진 결과를 알려 왔다. 위에서 말한 것처럼 3개월 전 CT 사진에서도 거의 깨끗했다. 이번에는 뼈 스캔을 했다. CT보다 더 정밀하게 볼 수 있는 검사였다. 그 뼈 스캔에서도 딸의 골반에서는 아무것도 나오지 않았다. 암세포가 하나도 보이지 않았다. 의사는 또 더 정확하고 확실하게 확인하려면 MRI를 찍어 봐야 한다고 했다. 그러나 이미 하나님께서 딸을 고치셨다고 믿었다. 불과 1년 4개월 전에 우리나라 대형 병원인 혜화동의 S 병원, 그리고 일원동의 또 다른 S 병원 의사들이 3년 살 수 있다고 했던 딸의 절망적인 상태는 이제 완전히 깨끗해졌다고 믿었던 것이다.

그러나 연말에 딸은 담당 의사에게 요청해서 MRI를 찍었을 때 암이 아직 없어지지 않은 것을 알게 되었다. 우리 가족은 다시 한번 절망을 경험했다. 그러나 이내 하나님의 신실하심을 믿고 감사드리며 다시 일어섰다. 아직은 때가 아닌가 보다 하고 생각했다. 하나님께서 우리에게 원하시는 것이 아직 남아 있다고 생각했다.

흔들리지 말자. 끝까지 하나님을 바라보고 감사하며 나아가자고 속으로 다짐하고 또 다짐했다. 딸은 3개월마다 검사를 받는다. 올해

(2021년) 중반쯤 되었을 때 의사는 암의 크기가 정확히 반으로 줄었다고 했다. 하나님께 감사하고 찬양을 드렸다. 하나님은 하나님의 시간표에 맞춰 일하고 계심이 분명하게 믿어졌다.

지난 10월 말, 다시 검사를 받았고 결과를 들었다. 의사는 이제 암의 크기가 점처럼 보인다고 말해줬다. 딸은 기뻐했다. 그동안 딸은 몸이 곳저곳에 통증이 나타나서 검사 결과를 듣는 것이 많이 두려웠기 때문에 딸은 더없이 기뻐했다.

할렐루야, 할렐루야! 하나님께 감사드리고 하나님을 찬양한다. 하나님께서 행하신 기적이다. 믿음으로 감사드리는 당신의 백성에게 하나님이 기적을 행하고 계신다. 나는 확신한다. 어떤 상황에서건 믿음으로 하나님께 드리는 감사는 기적을 일으킨다. 한국교회가 살길도 감사를 회복하는 것이다. 하나님 앞에 믿음으로 나아가 감사드리자.

내가 목회하고 있는 신림소망교회 성도들에게도 진심으로 감사드린다. 특별히 이봉재 장로님은 주일 예배 중에 기도하실 때마다 딸을 위해 기도해 주셨다. 이미 은퇴하셨지만 늘 기도해 주신 임장섭 장로님과 신영자 권사님 부부에게도 감사드린다. 또한 김한순 권사님, 조현자 권사님, 정분선 권사님, 박정아 권사님, 황경순 집사님, 그리고 김찬양 전도사님에게 감사드린다. 이분들 역시 예배드릴 때 그리고 언제나 딸을 위해 기도해 주셨다. 김종규 집사님, 박영삼 집사님, 최길자 집사님, 김이순 성도님, 손재민 성도님, 정항 성도님에게도 감사드린다. 이분들은 공적 예배에서 기도해 주실 기회는 없었지만 늘 딸을 위해서 기도해 주셨다.

나의 사랑하는 아내 남숙현 사모에게도 감사드린다. 딸을 위해 간장을 녹이며 기도한 것은 물론이고, 내가 어렵고 힘든 상황에서도 꿋꿋이 서서 목회할 수 있도록 옆에서 누구보다도 큰 힘이 되어 주었다. 아들 오시경에게도 고맙다. 늘 변함없는 모습, 흔들리지 않는 모습이 대견하고 나에게 큰 힘이 되었다. 사위 장민욱을 생각하면 눈물이 난다. 정말 고맙다. 나는 정말 훌륭한 사위를 얻었다. 아내를 위해 헌신적인 수고를 아끼지 않는 모습에 눈물이 난다. 사돈 어른과 안 사돈께도 감사드린다. 아픈 며느리를 묵묵히 사랑해 주시고 지지해 주시고 기도해 주시는 두 분에게 고개 숙여 감사를 드린다. 우리 딸은 정말 훌륭한 시부모님을 만났다고 생각한다.

삼마 형제회의 형제 목사님들에게도 감사를 드린다. 맏형이신 김덕겸 목사님, 한요한 목사님, 라건국 목사님, 최선 목사님, 백성기 목사님, 이종호 목사님에게 감사드린다.

부록 - 감사설교 1

2019.07.07 (맥추감사절)

감사는 기독교 신앙의 본질이다

시편 136:1-5

　금년에도 맥추감사주일을 맞이했습니다. 출애굽기 23장 16절에 "맥추절을 지키라 이는 네가 수고하여 밭에 뿌린 것의 첫 열매를 거둠이니라"고 했습니다. 즉 맥추절은 그해의 첫 번째 수확을 한 후에, 하나님께 드리는 감사 절기였습니다.

　한국교회에서는 맥추절을 반년 동안 하나님께서 베푸신 은혜를 감사드리는 절기로 지키고 있습니다. 우리의 감사를 받으시기를 기뻐하시는 하나님께 오늘 맥추감사주일을 통해서 감사드릴 수 있어서 기쁘게 생각합니다.

　이 세상에는 두 종류의 사람이 있습니다. 감사할 줄 아는 사람과 감사를 모르는 사람입니다. 감사를 모르는 사람은 동물보다 못하다고 할 수 있습니다. 동물도 자기에게 밥 주고 돌봐주는 사람을 알아보기 때문입니다. 그러므로 우리는 마땅히 감사하는 사람이 되어야 할 것입니다.

　하나님께서는 우리에게 감사를 원하십니다. 그래서 우리는 하나님께 나아올 때 감사함으로 나아와야 합니다. 시편 100편 4절 말씀입니다. "감사함으로 그의 문에 들어가며 찬송함으로 그의 궁정에 들어가서 그에게 감사하며 그의 이름을 송축할지어다."

　성도 여러분, 지금 여러분의 마음에는 감사가 있습니까, 불평과 원망이 있습니까? 불평과 원망이 있는 마음은 하나님을 바라보시기를 바랍니다. 하나님께서 불평과 원망을 감사와 찬송으로 바꿔주시기를 예수님의 이름으로 축원합니다. 감사하는 심령에게는 하나님께서 이 시간 더 크고 놀라운 은혜를 부으셔서 감사가 더욱 넘치시기를 주님의 이름으로 축복합니다. 하나님께 드리는 감사는 하나님을 영화롭게 해드리고 기쁘시게 합니다. 그 이유가 무엇일까요? 감사는 기독교 신앙의 본질이고 핵심이기 때문입니다. 즉 감사는 찬송과 더불어 하나님께서 당신의 백성에게 가장 원하시는 것입니다.

그러면 하나님께 드리는 감사가 갖고 있는 의미는 무엇일까요?

첫째는, 감사는 믿음의 표현입니다.

물론 믿음은 하나님에 대한 믿음입니다. 우리는 하나님을 믿는 사람들입니다. 여러 번 말씀드렸다시피, 하나님을 믿는 믿음은 단순히 그분의 존재를 인정한다는 말이 아닙니다. 물론, 하나님의 존재 여부와 상관없이 나는 내 마음속으로 하나님을 믿는다고 말하는 것도 성경적인 믿음이 아닙니다.

하나님을 믿는 것은 가장 먼저 그분의 존재에 대한 믿음입니다. 우주 만물을 창조하신 창조주이시며 그 지으신 만물을 통치하시는 우주의 왕이신 그분의 존재를 믿는 것입니다. 히브리서 11장 6절도 하나님께 나아가는 자는 반드시 그가 계신 것을 믿어야 한다고 말씀하고 있습니다.

그러나 말씀드린 대로, 하나님을 믿는다는 것은 단지 하나님의 존재만을 인정하는 것이 아닙니다. 하나님께서 행하신 일, 하나님의 성품, 하나님께서 하신 말씀, 하나님의 영원한 뜻에 대한 믿음을 갖는 것입니다.

그리고 더욱 중요한 것이 있습니다. 예수님을 믿고 영접함으로써 생긴 하나님과 나 사이의 관계를 의심하지 않는 것입니다. 하나님께서 나의 아버지이시고 나는 하나님의 자녀라는 관계입니다. 하나님을 믿는 것은 이 사실에 대한 흔들리지 않는 믿음을 갖는 것입니다.

이런 믿음을 가진 사람은 하나님에게 자신의 삶을 맡깁니다. 자신의 인생에서 어떤 일이 일어나더라도 하나님의 사랑을 의심하지 않습니다. 하나님의 선하신 뜻을 의심하지 않습니다. 하나님의 섭리를 의심하지 않습니다. 하나님께서 하시는 일에 대해 무한 신뢰를 보냅니다. 하나님을 원망하지 않습니다. 하나님께 불평하지 않습니다. 하나님께 감사를 드립니다. 그래서 감사는 하나님에 대한 믿음을 표현하는 것입니다.

그러므로 "범사에 감사하라 이는 그리스도 예수 안에서 너희를 향하신 하나님의 뜻이니라"라는 데살로니가전서 5장 18절 말씀은 "범사에 하나님을 믿으라 이는 그리스도 예수 안에서 너희를 향하신 하나님의 뜻이니라"라는 뜻이기도 합니다.

즉 '인생이 고달프니?' '힘든 일이 생겼니?' '일이 계획대로 안됐니?' '하는 일이 완전히 망했니?' '원하지 않는 사고를 당했니?' '큰 손해를 봤니?' 그래도 하나님을 믿어라, 하나님께 감사해라, 그것이 너희를 향하신 하나님이 뜻이라는 말씀입니다.

사랑하는 성도 여러분, 믿음이 없는 사람은 절대로 감사하지 못합니다. 오직 불평하고 짜증만 낼 뿐입니다. 자기가 잘못한 것이 있다고 생각하지 않습니다. 모두 다 환경 탓, 조건 탓으로 돌리며 세상을 원망하고 다른 사람을 원망합니다.

성도 여러분, 이 시간 하나님을 바라보시기 바랍니다. 하나님을 믿으십니까?' 예 하고 대답하실 수 있습니까? 그러면, 이 시간에 여러분의 마음에는 하나님을 향한 감사가 있어야 합니다. 감사가 넘쳐야 합니다. '감사를 담아둘 수 없어서 감사합니다. 하나님 감사합니다'라고 고백할 수밖에 없을 것입니다.

믿음이 있는 사람의 감사는 일이 잘될 때만 감사하는 것이 아닙니다. 물론 잘 될 때, 모든 것이 형통할 때 우리는 감사해야 합니다. 그러나 그렇지 않을 때도, 믿음이 있는 사람은 감사를 드립니다. 하나님을 믿기 때문입니다. 하나님의 거룩한 뜻과 섭리를 믿기 때문입니다. 하나님의 신실하심과 인자하심을 믿기 때문입니다. 내가 모르는 하나님의 특별한 계획을 믿기 때문입니다.

사랑하는 성도 여러분, 모든 일이 잘되고 있다면 당연히 하나님의 은혜임을 알고 하나님께 감사를 드리셔야 합니다. 그러나 혹 어렵고 힘든 상황이라도 하나님을 믿는 믿음으로 감사하는 성도들이 다 되시기를 주의 이름으로 축복합니다.

둘째로, 감사는 하나님께 올리는 가장 아름다운 찬양입니다.

감사가 하나님을 영화롭게 하고 기쁘시게 하는 것은, 감사 그 자체로 하나님께 드리는 찬양이 되기 때문입니다. 하나님 귀에 가장 아름다운 찬양입니다. 성경을 읽어 보면 감사와 찬양이 함께 나옵니다. 사무엘하 22장 50절입니다. "이러므로 여호와여 내가 모든 민족 중에서 주께 감사하며 주의 이름을 찬양하리이다." 역대상 16장 4절입니다. "또 레위 사람을 세워 여호와의 궤 앞에서 섬기며 이스라엘 하나님 여호와를 칭송하고 감사하며 찬양하게 하였으니."

시편에도 감사와 찬양이 함께 나오는 구절이 많습니다. 시편 7편 17절입니다. "내가 여호와께 그의 의를 따라 감사함이여 지존하신 여호와의 이름을 찬양하리로다." 시편 35편 18절입니다. "내가 대회 중에서 주께 감사하며 많은 백성 중에서 주를 찬송하리이다."한 구절만 더 읽어 드리겠습니다. 시편 147편 7절입니다."감사함으로 여호와께 노래하며 수금으로 하나님께 찬양할지어다."

이외에도 많습니다. 다 읽으려면 그것만으로 설교 시간을 다 채울 수 있을 만큼 많습니다. 즉 감사와 찬송이 같이 갑니다. 감사는 찬송이 되고 찬송에는 하나님을 향한 감사가 들어있습니다. 찬송을 하면 하나님의 권능이 임합니다. 악한 권세들이 묶임을 당하고 떠나갑니다. 찬송하면 영혼에 빛을 비추고, 찬송하면 심령에 평안과 기쁨이 찾아옵니다.

감사도 마찬가지입니다. 감사를 드릴 때도 찬송을 드릴 때와 비슷한 일이 내 심령에 일어납니다. 감사를 드릴 때도 하나님의 영광이 임합니다. 승리와 축복의 길로 나아가는 길이 열리는 것입니다.

프랑스 작가며 언론인이었고, 프랑스 패션 잡지 〈엘르〉의 편집장을 지낸 쟝 도미니끄 보비(1952~1997)라는 사람이 있습니다. 그가 43살이던 어느 날 갑자기 의식을 잃었습니다. 3주 후에 병상에서 깨어난 그는 자신의 왼쪽 눈만 빼고 육체가 마비되었다는 사실을 알게 되었습니다. 의식은 멀쩡한데 육체가 마비되는 감금증후군(locked-in-Syndrome)에 걸린 겁니다.

한동안은 자신의 신세를 비관했습니다. 그러다가 병원 도움으로 왼쪽 눈을 깜박여서 알파벳을 지적하면서 의사소통을 할 수 있게 되었습니다. 이렇게 왼쪽 눈을 깜박여서 장 도미니크 보비는 《잠수복과 나비(Diving bell and butterfly)》라는 책을 썼습니다. 병에 걸린 후 죽을 때까지 15개월에 걸쳐 쓴 책입니다. 그리고 그 책을 원작으로 해서 영화가 제작되었습니다. 그 《잠수복과 나비》에 감사에 관련된 글이 있습니다. 읽어 드리겠습니다.

감사라는 말은 그것 자체로 능력을 지니고 있습니다. 감사라는 표현은 마음의 분노를 다스리고 마음의 격동을 진정시킵니다. 감사는 내 마음과 행복을 지키는 강력한 무기입니다. 어떤 상황에서도 감사할 수 있는 사람은 내면의 미를 지닌 매력 있는 사람입니다.

영국의 청교도 신학자 매튜 헨리는 감사라는 보석을 지닌 사람은 누더기를 걸치고 있어도 행복한 사람이라고 했습니다. 나에게 감사가 있는 한 어느 누구도 어떤 불리한 환경도 나에게서 행복을 절대 빼앗을 수 없습니다. 흔히들 우리는 긍정적인 삶의 태도를 강조합니다. 이는 성공한 행복의 필요조건이기 때문입니다.

감사야말로 가장 긍정적인 사고방식이고 가장 적극적인 삶의 태도이기 때문입니다. 감사는 문제를 본질적으로 해결하는 가장 효과적인 수단입니다. 진정 내가 행복하려면 감사의 비밀을 깨닫고 감사의 능력을 체득하고 감사의 내공을 길러야 합니다.

장 도미니크 보비가 기독교인이었는지 아닌지 정확히는 모르겠습니다. 그러나 그는 영국의 신학자 매튜 헨리를 언급했습니다. 우리나라 목사님들에게는 아주 유명한 주석가로 알려져 있고 이분의 주석을 가지고 계신 목사님들이 상당히 많습니다. 어쨌든 그가 매튜 헨리를 언급한 것으로 보아 기독교인이었을 가능성이 크다고 생각합니다.

그의 글을 보면, 자신의 몸이 꼼짝 못 하게 갇힌 것 같은 상태에서도 감사를 언급하면서 감사의 능력과 축복을 말하고 있습니다. 사랑하는 여러분, 감사로 하나님을 찬양하시기 바랍니다. 어떤 형편과 처지이든지 믿음으로 감사하시기 바랍니다. 그래서 여러분의 삶에 역사하시는 하나님의 능력과 축복을 경험하시기 바랍니다.

셋째로, 감사는 순종하겠다고 하는 고백입니다.

하나님께 감사드린다는 것은 하나님의 뜻을 받아들이고 순종하겠다는 의미입니다. 처음에 감사는 믿음의 표현이라고 했습니다. 즉 감사하는 사람은 믿음이 있는 사람입니다. 믿음이 있는 사람은 하나님 앞에서 어떻게 행동합니까? 그는 하나님 뜻에 순종합니다. 분명히 감사는 순종을 낳습니다. 그러므로 참된 감사는 순종으로 이어져야 합니다. 감사하다는 입술의 고백은 중요합니다. 그러나 감사하는 믿음이 순종으로 이어지지 않으면 입술로 드린 감사는 하나님 앞에 열매를 맺을 수 없습니다. 마치 시작만 하고 끝을 맺지 못하는 것과 같습니다. 과실을 맺는 나무가 꽃만 피우고 열매를 맺지 못하는 것과 같습니다. 하늘에 구름만 끼고 비가 오지 않는 것과 같습니다.

성도 여러분, 하나님께 감사가 있습니까? 지난 6개월 동안 하나님께서 나를 돌보아 주신 것을 믿으며 감사하십니까? 이런 일, 저런 일 있었지만, 힘들고 두렵고 고통스러운 시간이 있었지만 내가 하나님의 은혜 속에 거했고 하나님께서 내 삶을 붙드신 가운데 여기까지 온 것을 감사하십니까?

그러면 이제부터 순종하는 성도가 되어야 합니다. 그래야 여러분의 삶 속에 열매를 볼 수 있습니다. 축복의 열매, 승리의 열매, 형통의 열매를 볼 수 있습니다. 그런데 그런 열매보다 훨씬 더 중요한 열매가 있습니다. 바로 하나님을 온전히 알고, 하나님을 온전히 믿고, 하나님을 온전히 사랑하고, 하나님과 온전히 동행하는 열매를 맺는 것입니다.

이제 말씀을 맺겠습니다.

오늘 교회에 오실 때 여러분의 심령이 어떤 상태였는지는 이제 중요하지 않습니다. 여러분 속에 지금 감사가 회복되기를 바랍니다. 오늘 믿음으로 감사하고 하나님 뜻에 순종한다면, 놀라운 하나님의 역사를 경험할 것입니다. 감사는 내 심령 상태를 바꿉니다. 감사는 상황을 바꿉니다. 왜냐하면 감사하는 사람의 삶에 하나님께서 찾아오시기 때문입니다. 그리고 하나님께서 일하시기 때문입니다.

그러므로 오늘 맥추감사절을 계기로 감사하는 심령을 회복하시길 바랍니다. 오늘부터 시작해서 범사에 감사하는 성도가 되시기를 바랍니다.

부록 - 감사설교 2

2019.11.17 (추수감사절)

감사할 일이 왜 없습니까?

데살로니가전서 5:18

꽤 오래전에 인터넷 자살 사이트에서 만난 몇 사람이 남산 공원 후미진 곳에서 함께 자살했다는 뉴스가 있었습니다. 이들은 모두 대학진학을 여러 번 실패했거나, 결혼생활 실패로 인한 이혼 위기, 그리고 개인적 파산 등이 원인이었습니다. 우리나라에서 2003년에 자살한 사람의 수가 10,000명을 넘었고 해마다 그 수가 늘어났습니다. 그러다가 2017년에 12,463명으로 전년 대비 629명이 감소했습니다. 그동안은 경제 우등생 국가들의 모임이라고 할 수 있는 OECD(경제협력개발기구) 회원국 가운데 만년 1위를 차지하다가 2017년에 2위로 떨어졌습니다. 그러나 역시 높은 수치입니다. 특히 노인 자살률은 OECD 평균의 3배에 이른다고 하니 우리 사회의 심각한 문제가 아닐 수 없습니다.

2005년 보건복지부가 실시한 국민건강, 영양조사에 따르면, 우리나라 19세 이상 성인의 18.5%가 자살 충동을 느꼈다고 합니다. 남성은 13.8%, 여성은 23%가 충동을 느꼈고 연령이 높아질수록 더 많은 사람이 충동을 느낀 것으로 조사되었습니다. 놀라운 것은 이중 9.2%가 실제 자살 계획까지 세웠다는 것입니다. 이런 사실이 보여주는 사실은 많은 사람이 이 땅에서 살아가는 일이 불행하다고 느낀다는 것입니다. 죽음을 생각할 정도로 절망스럽다는 말이 됩니다.

하나님을 아버지라고 부르는 우리는 어떻습니까? 여러분은 삶에 만족하십니까? 하나님께 어떤 원망이나 불평을 가지고 있습니까? 인생이 불행하다고 느끼십니까? 아니면, 추수감사주일인 오늘 하나님을 향하여 진심으로 감사하고 있습니까?

사실, 세상살이가 쉽지 않습니다. 참으로 어렵습니다. 그러다 보니 많은 사람이 '요즘 같은 세상에 감사할 게 어디 있어? 어디 있어?' 합니다. 그러나 저는 그런 사람들에게 이렇게 말하고 싶습니다. '왜 없어!' 감사할 일이 왜 없습니까? 우리에게는 감사할 일이 많이 있습니다. 사실 우리에게는 모든 일이 다 감사할 일입니다. 성경은 우리에게 범사에 감사하라고 하면서 그것이 우리를 향하신 하나님의 뜻이라고 교훈합니다.

인간지사 '새옹지마(塞翁之馬)'라는 말을 아시는지요? 새옹이란 변방 '새(塞)'에 늙은이 '옹(翁)', 즉 변방에 사는 노인이라는 뜻입니다. 북방 국경 근방에 점을 잘 치는 노인이 살고 있었습니다. 하루는 그가 기르는 말이 아무런 까닭도 없이 도망쳐 오랑캐들이 사는 국경 너머로 가버렸습니다. 마을 사람들이 위로하고 동정하자 노인은 "이것이 또 무슨 복이 되는지 알겠소." 하고 조금도 낙심하지 않았습니다. 그런데, 몇 달 후 뜻밖에도 도망갔던 말이 오랑캐의 좋은 말을 한 필 끌고 돌아왔습니다. 마을 사람들이 이것을 축하해 주었습니다. 그러자 노인은 "그것이 또 무슨 화가 되는지 알겠소." 하고 조금도 기뻐하지 않았습니다. 그런데 집에 좋은 말이 생기자 전부터 말타기를 좋아하던 노인의 아들이 그 말을 타고 달리다가 말에서 떨어져 다리가 부러져서 불구자가 되었습니다. 마을 사람들이 아들이 불구자가 된 데 대하여 위로하자 노인은 "그것이 혹시 복이 되는지 누가 알겠소." 하고 태연한 표정을 지었습니다. 1년이 지난 후 오랑캐들이 대거 쳐들어왔습니다. 장정들이 모두 칼을 들고 전쟁터에 나갔다가 전사했습니다. 그러나 노인의 아들만은 다리가 불구가 되었기 때문에 부자가 모두 무사하였습니다.

이 이야기가 주는 교훈은 인간의 행과 불행은 예측할 수 없는 것이어서 복이 화가 되고 화가 복이 되는 수가 많으므로, 눈앞의 이해득실만을 가지고 웃었다 울었다 할 필요가 없다는 것입니다. 그렇습니다. 우리 삶은 항상 변합니다. 오늘의 불행이 내일의 행운이 될 수 있습니다. 반대로 오늘 행운이라고 생각한 일이 내일 불행의 원인이 되기도 합니다. 그러나 우리 그리스도인들은 "인간지사 새옹지마야" 하고 스스로 위로하면서 막연한 기대 속에서 살아가는 사람이 아닙니다. 우리에게는 우리를 정말 사랑하시는 하나님 아버지가 계십니다. 우리 아버지 하나님은 만물의 창조주이십니다. 선한 목적을 갖고 그것들을 다스리십니다. 무엇보다도 우리가 기억할 것은 하나님께서 우리를 사랑하신다는 사실입니다. 그분은 모든 것을 다 아십니다. 우리의 형편이 어떤지 다 아시며 우리에게 무엇이 필요한지 다 아십니다.

추수감사주일인 오늘, 우리는 이 사실을 믿는 믿음의 바탕 위에서 하나님 앞에 '범사에 감사합니다.' 하고 감사의 제사를 올려 드릴 수 있습니다. "범사에 감사하라." 잘 아시는 대로 이 말은 모든 일에 감사하라는 말입니다. 우리의 삶에는 많은 일이 일어납니다. 그 많은 일 중에 좋은 일도 있지만 항상 그런 것만은 아닙니다. 불행한 일도 일어납니다. 여러 가지 좋은 일은 얼마든지 감사할 수 있습니다. 그런데 불행한 일도, 원하지 않은 나쁜 일이나 결과도 감사하라고 교훈합니다.

사실 이것은 믿음의 영역을 떠나서는 미친 소리처럼 들립니다. 홍수가 나서 농사를 다 망친 농부에게 감사하라고 한다면 지게 작대기로 흠뻑 두들겨 맞을 것입니다. 그렇다면 우리는 어떻게 하면 '감사할 일이 어디 있어?'하는 마음을, '왜 없어!'하는 마음으로 바꾸며 하나님께 감사를 드릴 수 있을까요?

첫째, 하나님께서 이미 베푸신 은혜와 축복을 세어 보십시오.

독일의 재무장관을 지냈던 마르틴 바덴의 이야기는 매우 감동적입니다. 그는 자유주의적인 사상을 가진 분이었습니다. 그런데 젊은 시절 극보수 세력에 의해 쫓겨 다니며 고생을 많이 했다고 합니다. 그가 한번은 어느 지방에 여행을 갔습니다. 돈이 없어서 싸구려 여관에서 하룻밤을 묵었습니다. 아침에 일어나 보니까 도둑이 와서 신발을 훔쳐 가 버렸습니다. 그는 어찌나 화가 났던지 도둑에게 있는 욕, 없는 욕 다 퍼부었습니다. 그리고 난 다음에 하나님까지 원망했습니다. "하나님도 무심하시지, 어떻게 나처럼 가난한 사람의 구두 훔쳐 가는 것을 뻔히 바라보시면서 그대로 내버려 두셨단 말인가!"그는 자기가 구두 관리를 잘못해서 잃어버렸으면서 하나님께 책임을 돌리고 원망까지 했습니다. 마침 그날은 주일이었습니다. 여관 주인은 화가 머리끝까지 난 그를 달래며 그러지 말고 함께 교회에 가자고 했습니다.

그는 "무엇을 신고 간단 말입니까? 이 눈 위에 맨발로 내가 어떻게 교회 가요?"라고 불평하자 여관 주인이 창고에서 허름한 구두 한 켤레를 가지고 나와서 "이것 신고 갑시다." 하며 다시 권했습니다. 여관 주인의 강권에 못 이겨서 그는 신발이 맞지 않는데도 그 허름한 신발을 신고 교회에 갔습니다. 그런데 그가 앉은 자리 옆에 두 다리가 없는 사람이 앉아 있었습니다. 두 다리가 없는 그 사람은 누가 옆에 와서 앉든 말든 상관하지 않고 소리를 내어 기도하고 있었습니다. 그는 그 기도를 가만히 귀 기울여 들어보았습니다.

"하나님 저를 돌보아 주시고 은혜를 베풀어 주시고 이 삭막한 세상에서 소망을 가지고 살게 해주시니 정말 감사합니다. 다리가 없어도 이렇게 주일에 교회에 나와서 예배를 드리게 해주시니 감사합니다. 또 다리가 없으니 신발 살 걱정도 안 하게 해 주시니 감사합니다."

그 사람의 기도가 마르틴의 가슴에 탁 부딪혔습니다. 마치 자기를 보고 하는 것 같았습니다. 그 순간 그의 얼굴이 화끈 달아올랐습니다. '이 사람은 두 다리가 없어도 이렇게 감사하는데, 나는 두 다리가 멀쩡한데도 감사하지 않고 오히려 구두 훔친 사람을 저주하고 하나님을 원망했으니 이 얼마나 부끄러운 일인가!'

그는 즉시 무릎을 꿇고 하나님께 회개하는 기도를 했습니다. "하나님, 두 다리가 있는 것을 감사합니다. 이분은 두 다리가 없는데도 감사하는데 나는 두 다리가 있으니 얼마나 더 감사합니까? 신발 잃은 것도 감사합니다. 하나님이 낡은 신발을 너무 오래 신으니까 새 신발을 바꾸어 신으라고 낡은 신발을 없애 주시니 감사합니다. 없애주신 하나님은 새 신발을 주실 줄 믿습니다. 감사합니다."

그날 이후 마르틴은 범사에 감사하는 삶을 살기 시작했습니다. 그러자 그의 인생이 점차 변화되었고, 마침내 독일의 재무장관이 되어 국가에 봉사하며 국민에게 존경받는 정치가가 될 수 있었습니다. 잃어버린 구두를 감사했는데 그의 생애가 변화한 것입니다.

우리가 감사하지 못하고 불평할 때, 우리는 이미 갖고 있고, 누리는 많은 것을 생각하지 못합니다. 눈을 돌려서 감사할 것들을 찾아보십시오. 삶이 새로워지고 더 많은 축복 된 일들이 일어날 것입니다. 그러나 불평이 많아지면 많아질수록 삶은 더욱 어려워집니다. 주위의 다른 사람까지 괴롭게 합니다. 불평하는 사람의 미래는 결코 밝지 못합니다. 불평의 어둠 속에 갇혀서 평생을 보내게 됩니다.

둘째, 하나님의 선하심과 신실하심을 믿으십시오.

성경은 우리에게 하나님은 선하신 분임을 보여줍니다. 하나님은 또한 신실하십니다. 우리가 이것을 믿을 때 모든 일에 감사할 수 있습니다. 요한복음 11장을 보면, 하나님의 선하심과 신실하심을 보여주는 이야기가 하나 등장합니다. 예수님이 사랑하시는 나사로가 병이 들었습니다. 나사로의 누이들은 사람을 보내어 예수님이 빨리 와 주시기를 청했습니다. 아마도 나사로의 누이들은 예수님께서 이 소식을 듣자마자 달려오실 것을 기대했을 것입니다.

그러나 예수님은 "이 병은 죽을병이 아니라 하나님의 영광을 위함이요 하나님의 아들이 이로 말미암아 영광을 받게 하려 함이라"(4절) 하시고 이틀이나 더 계시던 곳에 머무셨습니다. 그 사이에 나사로는 죽고 말았습니다. 어쩌면 나사로의 누이들은 예수님께 배신감을 느꼈을 것입니다. 실망했을지도 모릅니다. 사랑하신다고 하더니 이게 뭐냐고 하면서 원망과 불평을 잔뜩 품었을 수도 있습니다. 만일 우리가 나사로의 누이들 입장에서 그렇게 한다면 그것은 하나님의 신실하심과 선하심을 의심하고 불평하는 어리석음을 범하는 꼴이 됩니다.

예수님은 이틀 후에 그곳으로 가셨습니다. 그리고 나사로를 살리셨습니다. 그렇게 하심으로써, 예수님은 말씀하신 대로 하나님과 자신의 영광을 드러내셨습니다. 많은 사람에게 예수님이 누구신지 각인시 키셨습니다. 성도 여러분! 하나님이 하시는 일이 이와 같습니다.

목회학에 이런 원리가 있습니다. 만약 어떤 성도를 믿음이 좋은 성도로 키워서 교회의 일꾼이 되게 하려면 너무 친하고 가깝게 지내지 말라고 합니다. 왜냐하면 그렇게 되면 훈련을 시킬 수 없기 때문입니다. 잘못해도 따끔하게 질책할 수 없기 때문입니다. 어려운 가운데 놓였을 때 모른 척하고 하나님 앞에서 기도하면서 믿음의 싸움을 싸우도록 내버려 둘 수 없습니다. 너무 친밀하게 지내다가 그렇게 하면 목회자에게 배신감을 느끼게 된다고 합니다. '목사님 안 그러신 줄 알았는데 어떻게 나한테 이러실 수 있냐?' 하면서 더 깊이 상처를 받게 된다고 합니다.

그러므로 하나님이 우리를 어려운 가운데 내버려 두실 때, 하나님이 안 계신 것 같을 때에도 절대로 하나님의 사랑을 의심하지 마시기 바랍니다. 기도에 응답하시지 않아도 절대로 하나님의 신실하신 은혜를 불신하지 마시기 바랍니다. 하나님은 다 아십니다. 하나님은 우리를 사랑하십니다. 절대로 불평하지 마시고 도리어 하나님 앞에 믿음으로 감사를 드리십시오. 왜냐하면 시간이 지나면 이 모든 것이 합력해서 선을 이루실 것임을 알기 때문입니다.

하박국 선지자는 이것을 알았습니다. 그래서 하박국 3장 17절부터 19절까지 보면 하박국은 이렇게 노래하고 있습니다. "비록 무화과나무가 무성하지 못하며 포도나무에 열매가 없으며 감람나무에 소출이 없으며 밭에 먹을 것이 없으며 우리에 양이 없으며 외양간에 소가 없을지라도 나는 여호와로 말미암아 즐거워하며 나의 구원의 하나님으로 말미암아 기뻐하리로다 주 여호와는 나의 힘이시라 나의 발을 사슴과 같게 하사 나를 나의 높은 곳으로 다니게 하시리로다.”

셋째, 하나님을 영화롭게 하는 것이 우리의 삶의 의미이고 목적임을 깨닫기를 바랍니다. 그러면 감사할 수 있습니다.

오늘 본문은 범사에 감사하는 것이 그리스도 예수 안에서 우리를 향한 하나님의 뜻이라고 밝히고 있습니다. 즉 하나님께서는 우리에게 감사를 원하십니다. 하나님의 백성이 언제나 하나님을 의지하고 신뢰하는 가운데 감사할 때 하나님은 기뻐하실 것이라는 말입니다. “감사로 제사를 드리는 자가 나를 영화롭게 하나니”(시 50:23).

이제 말씀을 맺겠습니다.

모든 것은 생각하기에 달렸습니다. 불평하는 마음에는 불평거리들만 보입니다. 원망하는 사람에게는 모든 것이 원망스럽습니다. 그러나 감사하는 마음에는 좋은 일은 물론이고 어렵고 힘든 일들조차 믿음 안에서 긍정적으로 바라볼 수 있습니다. 올해 우리에게 눈에 띄는 좋은 일이 없을 수도 있습니다. 그러나 이미 우리는 하나님의 은혜와 사랑 안에 거하고 있습니다. 당연한 것 같아도 모두 하나님의 은혜임을 기억해야 합니다.

또한 설령 어렵고 힘든 상황에 있더라도 하나님의 은혜와 사랑은 변함이 없으시다는 사실을 상기하시기 바랍니다. 하나님은 신실하십니다. 하나님은 결코 약속을 변개치 않으십니다. 그러므로 끝까지 믿음으로 나아가십시오. 하나님께서 모든 상황을 역전시키실 것입니다. 왜냐하면 우리는 하나님의 자녀이고, 하나님은 우리를 통해서 영광을 받으시길 원하시기 때문입니다.

기적의 열쇠, 감사

·**초판 2쇄 발행** 2023년 2월 23일

·**지은이** 오준환
·**펴낸이** 민상기
·**편집장** 이숙희
·**펴낸곳** 도서출판 드림북
·**인쇄소** 예림인쇄　**제책** 예림바운딩
·**총판** 하늘유통

·**등록번호** 제 65 호 **등록일자** 2002. 11. 25.
·경기도 의정부시 가능1동 639-2(1층)
·Tel (031)829-7722, Fax(031)829-7723